子どもたちの夢と幸せをつくる「絆」

福井県のある
小学校校長が語ったこと

赤星 昇
Noboru Akahoshi

文芸社

はじめに

私は、二〇一二年三月をもって、三十七年間にわたっての教員生活を終え、定年退職をいたしました。これまで、初任校の東京都立川市立第九小学校をはじめとして、香港日本人学校、福井県の敦賀西小、敦賀南小、福井大学附属小、湯尾小、今庄小、池田第一小(現池田小)、南条小に勤務させていただきました。それぞれの学校で、かけがえのない出会いと貴重な経験をさせていただきました。退職後も県内の小・中学校の、主に研修の講師として学校教育に関わらせていただいています。

最後の五年間、池田第一小学校、南条小学校においては校長という立場での仕事をさせていただきました。また、同時に、池田幼稚園、南条幼稚園の園長という立場での仕事も兼務させていただきました。主に校長、園長という立場から、子どもたちだけでなく、保護者、地域の皆様方、同じ学校・町内の小中学校の教職員の方々や町・行政関係の皆様方とのおつきあいも数多くさせていただいたわけですが、その中で、子どもたちはもちろん、このようないろいろな方々を前にお話をさせていただく機会が数多くありました。

私は多くの場合、まとまった話をするときには、あらかじめこの冊子にあるような原稿を作っておいて、手元に置きながら、あるいは念頭に置きながらお話をしていました。また、子どもたちに話す時には事前に先生方にもこのような原稿をお配りしておき、どのような話をするのかお伝えするようにしていました。

今、あらためてこれらの原稿に目を通してみますと、自分自身の認識不足、力不足も気になるところが多々あるのですが、このような気後れを乗り越えさせてくれたのは、いつも真剣なまなざしで、時には笑顔で、耳を傾けてくれていた子どもたちで、その姿に支えられ、後押しをされていたことを感じます。あらためてその時々の話を振り返ってみますと、その場、その時の情景も目に浮かんで参ります。また、私の話について多くの子どもたちから意見や感想も届いていました。

ただ、実際の場面では、子どもたちとのやりとりがあったり、反応を見ながらの補足、省略、簡略などもあったりしましたから、全くこの通りではありませんでした。できるだけ低学年にも理解ができるように、実物、映像、CD、キーワードを記したカード、書籍などの資料を使いながら行っていました。

また、私の話の内容は、特に自身の教師経験に基づいているものについては話をわかりやすくするために、主旨は変えずに、事実とは異なることも、一部に入れさせていただいていますのでご了承ください。

私が教師になって間もない頃、ある事件に関する新聞記事を目にした時の衝撃が今でも忘れることができません。それは一九八四年の冬、自ら命を絶った十五歳の女子生徒が残した手記の一節です。

「学校なんて大嫌い　みんなで命削るから
先生はもっと嫌い　弱った心を踏みつけるから」

学校は子どもたち一人ひとりが自分らしい夢を育み、幸せに生きるための生き方を学び、他の人たちの幸せのためにつくす努めを持つことを学ぶ場でなければならないはずです。教師の仕事の中核にはこのことがなければならない、ということを深く胸に刻み込んだことをよく覚えています。

三十七年間の私の教師生活の中にこのことがどれだけ貫かれていたかは心許ないのですが、私の、教師としての原点になっていたことは確かです。

このささやかな一冊の本が、お読み下さった皆様にとって、子どもたちへの信頼の糧となって頂ければ幸いです。

目　次

第二章　保護者への挨拶

第三章　教育研究会での挨拶

第一章　児童たちへの講話集

平成二十一年度　入学式　２００９・４・６

新しくこの南条小学校の一年生になった四十五名の皆さん。入学おめでとうございます。皆さんと同じように、この四月から、この南条小学校に新しく、校長先生として入学してきた赤星昇です。どうぞよろしくお願いいします。

お忙しい中をおいでくださいましたご来賓の皆様方、本日はまことにありがとうございます。

一年生の皆さん、今日はたくさんの人たちが、新しく一年生になった皆さんのお祝いのために集まっています。学校の先生たちもお兄さんお姉さんたちも、ここにいるすべての人たちが、皆さんの入学を心から歓迎しています。

これから始まる小学校での生活は、保育所や幼稚園とはずいぶん違います。小学校での生活を楽しみにしている人たちもたくさんいると思いますが、皆さんの中には、うまくやっていけるだろうかと、いろんな心配をしている人がいるかもしれません。

「学校はまちがうところだ」という言葉があります。皆さんはきっと、これからの学校の生活の中ではいろんな失敗やまちがいをしてしまうことがあるでしょうね。でも、失敗やまちがいは恥ずかしいことではなく、失敗やまちがいから学ぼうとしないことが恥ずかしいことなのです。

勉強でも、遊びでも、あるいは教室でみんなに何か発表をしたりするような場合でも、いろんな失敗やまちがいをしたりしながら、時にはみんなに迷惑をかけてしまうようなことをしてしまったりしながら、なぜうまくいかなかったのか、どうすれば良かったのか。そのようなことを考える力を、そしてまちがいを少しずつ直していける力を身につけていってほしいと思います。

先生たちも、皆さん一人ひとりにこのような力がついていくように、そして、皆さんが楽しくよくわかる授業を目指していきます。また、一年生の皆さんが安心して、生き生きと明るく生活していけるように先生同士も協力し合ってがんばっていきます。

保護者の皆様、本日はおめでとうございます。

すぐそばの日野川堤防の桜も咲き始めています。近くにそびえる日野山は、雪も消えて、マンサクやダンコウバイの黄色い花もすでに花を開かせています。杣山《そまやま》や武周《ぶしゅう》が池周辺の、カンアオイやカタクリの花も咲き始め、その周りをギフチョウたちが飛び回っている頃だろうと思います。

ご存じのように、花には、春に咲く花もあれば夏や秋に咲く花もあります。子どもたちの成長は花と同じようにみんながすべて同じではありません。一人ひとりに見合った成長があります。友達や兄弟と比べたりせず、我が子が自分らしさに自信が持てるような、自立を支えるような支援や励ましを、ぜひお願いいたします。

学校も、お子様方お一人おひとりの健やかな成長のために保護者の皆様や地域の皆様と力を合わせて、全力でがんばっていきたいと思います。どうぞよろしくお願いいたします。

〈I have a dream〉―全校集会の話―　２００９・４・20

今日は二人のアメリカ人についてのお話です。

去年の十一月に行われたアメリカ大統領選挙で、バラク・オバマさんという人が大統領に選ばれたという話は、多くの人が聞いていることだろうと思います。今年の一月には任命式もありました。このオバマさんはアメリカの大統領としては四十四代目になりますが、アメリカの歴史上初めての黒人の大統領になります。これは実は大変大きな意味を持っています。

アメリカの黒人たちはもともとアメリカに住んでいたわけではなく、その昔、アフリカから奴隷として連れてこられた人たちで、現在アメリカに住んでいるほとんどすべての黒人はその子孫です。

その奴隷だった人たちの、当時の大変な様子はこの『アンクル・トムの小屋』(岩崎書店)という有名なお話にも描かれています。

この黒人奴隷の人たちは、かつて百五十年ほど前の第十六代大統領リンカーンといった人たちの、奴隷を解放するという努力があり、奴隷の制度は無くなったのですが、それでも実際には白人たちからずっと差別をされ続けてきたという歴史があります。

例えば、黒人は白人と同じトイレを使ってはいけない、白人と黒人は別の学校へ行かなくてはならない、白人と黒人は結婚してはならない、また、バスが混んできたら黒人は白人に席を譲らなければならない、などということまで法律で決められていたところもありました。違反した人は実際に警察に捕まったりしていました。

黒人たちは自分たちが白人たちよりも劣った人間たちだ、というふうに思いこんでもいたのですが、キリスト教の牧師として、「このような差別に黙っていてはいけない。白人も黒人も同じ人間なのだから、平等でなければならない」と訴えて、黒人を差別しないように、国民全体に訴える運動を進めていった人がいます。それがこのマーチン・ルーサー・キング牧師という人でした。

キング牧師はもともと大学で法律を学んでいたのですが、同じ黒人である人たちが白人から差別を受けても、それが当たり前のように思っている黒人たちの様子を見て、何とかしなければならない、と考えて教会の牧師となりました。そして、そこに集まる人たちに、そのような考え方を改めるように話をしたり、このような差別に反対の声を上げ、行動に立ち上がるように訴えたりしました。やがて、この運動は黒人だけでなく白人たちの中にもだんだん賛成する人たちが増えていきました。

今から五十年ほど前になりますが、一九六三年の八月二十八日には、ワシントンのリンカーン記念館の前の広場に二十五万人が集まる大集会が開かれ、全国中に差別をやめることを訴えました。このときのキング牧師の演説は、大変多くの人たちに感動をもたらし、それは今も語り継がれています。その一部を英語で紹介します。

I have a dream that one day on the red hills of Georgia. The sons of former slaves and the sons of former slaveowners will be able to sit down together at the table of the brotherhood.

※意味：私は夢を持っています。いつの日にか、ジョージアの赤い丘の上で、かつて奴隷だった者の子孫たちと、かつて奴隷主だった者の子孫たちとが兄弟愛をもって同じテーブルにつくことができることを……。

この演説の後、たくさんの黒人たちと白人たちが手をつなぎながらワシントンの街の中をデモ行進して、差別をやめることを人々に訴えたのでした。

この運動はやがて実を結び、当時のケネディー大統領により、『公民権法』という法律ができて、差別は禁止されることになります。次の年一九六四年にはキング牧師にノーベル平和賞が贈られました。

さらに、すべての戦争や暴力に反対するという考え方にもとづいて、その当時、アメリカが起こしていた、ベトナム戦争にも反対をします。この戦争は、ベトナムという国の一

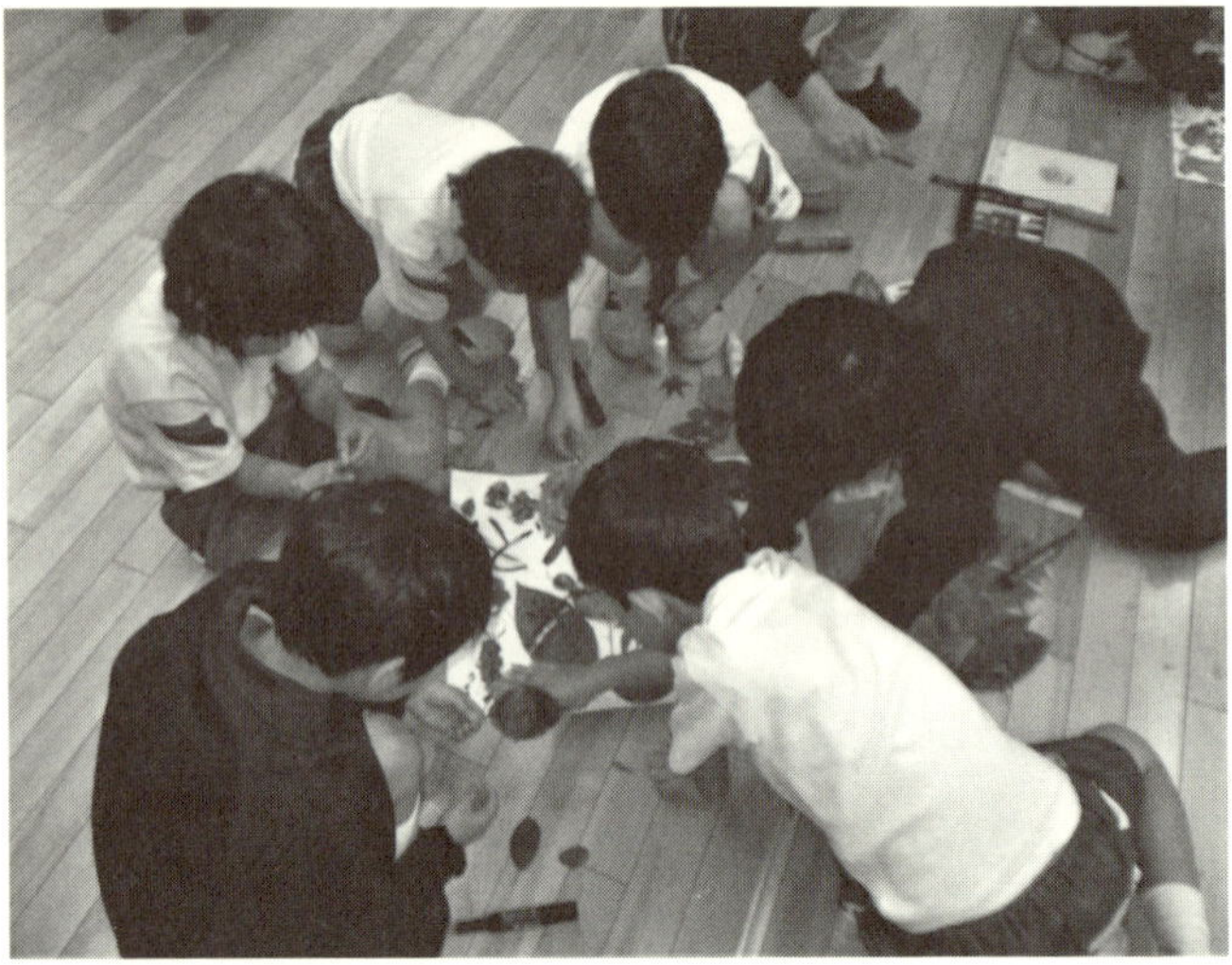

般市民の人たちの、百万人以上の命が失われるという大変大きな戦争でした。キング牧師は、
「黒人と白人が一緒になってベトナムで多くの人を殺している。戦争という名目で人間が人間を殺してはならない」と訴えています。
一九六八年四月三日に開かれたテネシー州での集会の次の日、このキング牧師は、彼のことをよく思わない白人によって暗殺されてしまいます。しかし、ベトナム戦争に反対する運動はアメリカだけでなく、日本をはじめ全世界に広がり、やがてアメリカはベトナムから引き揚げていくことになります。
キング牧師の考え方はその後も多くの人たちに受け継がれ、それが、今年、初めて黒人の大統領が選ばれることにもつながっています。

今日お話しした二人のように、『リーダー』と呼ばれる人たちは私たちの身近なところにもいます。この学校で、この四月に新しく決まった児童会長や各委員長、学級長といった人たちは、オバマ大統領やキング牧師のように、きっと「みんなのためにがんばりたい」「差別やいじめのない、だれもが安心して楽しく、仲良く生活できるようにしていきたい」という気持ちを持っていると思います。でも、それが実際に発揮されるためには、その人たちをリーダーとして選んだ皆さんの責任や義務も問われます。みんなのために自分の力を発揮しようとするリーダーを支えるための活動に、皆さんが進んで参加していけるようなら、そのリーダーを中心とした、みんなのための立派な児童会、委員会、学級になっていくと思います。

〈みんなで跳んだ〉――全校集会の話――　２００９・６・22

先月、五月二十三日には体育大会があり、皆さんのがんばりによって大変すばらしい大会になりました。応援団の皆さんも、みんなの先頭に立ってがんばっていました。

さて、昨日の日曜日の夜、『エチカの鏡』というテレビ番組がありました。昨年の十月から放送されている番組です。サングラスのタモリさんなども登場していました。「エチカ」というのは聞き慣れない言葉ですが、もちろん外国語です。ラテン語で、もともとは「倫理」というような意味だそうですが、番組では「自分を振り返る」「見つめ直す」というような意味で使われていました。

いろいろな人たちの様々な人生の中での、ドラマが紹介されていたのですが、その中に、神奈川県のある中学校の学校行事で、中学生たちが登場するものがありました。

数年前、この中学校の体育大会で、全校のクラス対抗大縄跳びの競技がありました。その結果が一位から順に発表されたのですが、最下位、つまりビリになった二年生のあるクラスの結果が発表された時に、そのクラスの全員が大喜びで飛び上がって喜んでいました。なぜでしょうか。これにはきちんとした理由がありました。

このクラスには、Ｉ君という生まれつき運動が苦手で、みんなの前で自分の意見を言えず、勉強も苦手で、とてもみんなと同じようには大縄跳びの運動などができないような子がいました。練習では他の種目の競技は何とかできたのですが、全校で、全学級対抗で行われる大縄跳びだけは全くうまくいかず、クラスでは何日も前から繰り返し大縄の跳び方を教えたのですが、それでもダメなので、Ｉ君はみんなが跳んだ数を数える役についてもらいました。でもみんなはなんとなくすっきりしませんでした。

体育大会の二日前に行われた学校全体の予行練習では、百二十三回を跳び全校の中で見事に一位になったのですが、それでもすっきりしませんでした。それは一位になったものの、Ｉ君を外して跳んだことについて、本当にこれでいいのかどうかみんなが迷い始めたからでした。

体育大会前日、緊急に学級で話し合いましたが、意見が分かれてなかなかまとまりません。

「ぜひ優勝したいのでこのままでやりたい」という意見に対し、

「勝つことが本当に目的なのか、練習でクラスのまとまりを作り出すのが本当の目的ではないか」という意見。あるいは、

「今は跳んだ数を数えるという形でちゃんと参加しているではないか」という意見に対し、

「そうだとしてもこれは本人の意志ではない。やっぱり仲間外しではないか」という意見

や、

「I君自身が跳ぶ方に参加したいというならちゃんと入れるべきではないか」という意見。

「I君が参加したいといっても自分のクラスが自分のせいで負けたとなると、I君自身が一番いやな思いをするのではないか」などの意見が出されてなかなかまとまらなかったのです。でも結局、

「I君の希望を直接確かめた上で、本人が希望するなら、I君を入れてみんなで一緒に跳ぶ。そして負けた方がすっきりする」ということになりました。

I君の希望は「みんなと跳びたい」というものでした。

さて、結果はどうだったでしょうか。

体育大会当日の本番ではみんなが覚悟をしていたとおり、このクラスはビリになりました。

I君は大縄を跳ぶ時に、最初のうちは友達に抱きかかえられるようにして跳んでいたのですが、そのうち後半には自力でなんとか跳ぶことができるようになり、このクラスは六分間で七十一回も跳べました。途中、何度も引っかかりながらも跳ぶたびに歓声が上がって、クラスはビリだったのに優勝したような雰囲気になっていったそうです。みんなもうれしくて涙を流しながら跳んでいたそうです。

みんなの声援を受けて懸命に跳び続けたI君も、この経験でとても大きな自信をつけた

ということでした。この日の班ノートにI君は、「今日のぼくは絶好調でした」と記していました。

スポーツ競技では、勝ち、負けというものがあるわけで、勝って優勝をしなければならない、とか、勝ち抜くためにみんなが団結をしなければならない、ということを当然考えます。しかし、このクラスではそうではなく、けっして仲間を見放さない、差別をしない、ということと、みんながつながり合う、絆《きずな》をつくるということはどういうことか、という大切なことを学んでいったわけです。

皆さんの中にはスポーツ少年団などで、いろんなスポーツをしている人たちがたくさんいます。マラソンの得意な人も苦手な人もいます。体の大きな人もいれば小さな人もいる。運動の得意な人も苦手な人もいます。私はどんな人であっても、体を思い切り動かせる、スポーツを楽しむことができる〝権利〟というものがあると思っています。昨年の北京ではオリンピックだけでなく、体に障がいを持つ人たちのためのパラリンピックが開かれていたのを覚えている人も多いのではないかと思います。

スポーツの上手な人も、上手ではない人も、力のある人も、力がまだ十分ついていない人も、だれもがスポーツを好きになり、スポーツを通して仲間との絆《きずな》が深められていき、仲間とつながり合うことの大切さというものを学んでいくことができるはずです。皆さんには、そのようなスポーツをぜひやっていってほしいと思います。

〈外国語を学ぶ〉――全校集会の話――　２００９・７・13

このところずいぶん暑い日が続いています。これから本格的な暑い夏を迎えようとしています。でも、この地球上には、みんなが海水浴に行ったりプールに行ったりしている時に、逆にだんだん寒い冬を迎えていて、家や学校ではストーブをつけたり、外ではスキーやスケートをしようとしている人たちがいる国もあります。

今、世界中にどれぐらいの人間が住んでいるのでしょうか。約六十六億三千万人といわれています。亡くなる人も生まれる人もいますが、一日におよそ二十万人、一分間に百四十人ぐらいずつ増えているそうです。

さて、今この地球に住んでいる六十六億三千万人の人たちは毎日、どんな言葉を話しているのでしょうか。子どもたちはどんな言葉で授業を受けているのでしょうか。世界にはおよそ六千の言語があるそうです。もちろん私たちは日本語を話しています。私も今、日本語という言葉を使ってお話をしています。でも、世界中の人たちが日本語を話しているわけではありません。世界で一番多くの人たちに使われている言葉は、どんな言葉でしょうか。皆さんはどう思いますか。

ここにある『世界がもし１００人の村だったら』（池田香代子編／マガジンハウス）と

いう本によると、もし、世界中の人たちを百人としたら、その中の十七人が中国語を話し、九人が英語を話し、八人がヒンズー語とウルドゥー語を話し、六人がスペイン語を話し、六人がロシア語を話し、四人がアラビア語を話しているのだそうです。これでだいたい半分ぐらい、あとの半分の中にポルトガル語やドイツ語、フランス語、そして日本語などが入ります。

日本語はだいたい百人の地球人のうち一人から二人ぐらいの人が使っているという計算になります。

この南条小学校では、今、一年生から英語の学習をしていますが、この英語は、毎日生活の中で使っている言葉としては二番目ですが、いろんな国の代表が集まる会議や海外へ旅行や仕事で出かける時など、世界の中で一番よく通用している言葉です。皆さんには、ぜひこの英語をしっかり学んでほしいと思います。

しかし、実際には世界中で毎日使われている言葉の中で、最も多いのが英語ではなく、実はお隣の国、中国の人たちが話している中国語なのです。中国語は、日本人が使っている日本語のもとになっている言葉でもあります。

英語にも中国語にも、日本で言えば東北弁や鹿児島弁、関西弁、といったような方言というものがあります。みんなはあまり気がついていないかもしれませんが、福井弁もあります。福井の人は「早くしなさい」ということを福井弁で「はよしね」と言いますが、福井以外の日本人が聞いたらどうでしょう。きっと怒り出すと思います。理由は説明するまでもないでしょうね。

同じように、中国の人はだれもが全く同じ中国語を話しているというわけではありません。中国の南方にある香港というところでは中国語の中でも古い言葉が残っているという広東語を使っています。

それはこのような言葉です。「以前、我係香港日本人學校嘅老師。所以我說講廣東話少少」意味は「私は以前、香港の日本人学校の先生をしていましたから、広東語を少し話せますよ」といったことになります。私はこの中国の香港というところで三年間、日本人学校の先生をしていましたから、広東語も実際に使って生活をしていました。香港は、英語もだいたい通じるのですが、タクシーの運転手の中には広東語しかわからないような人もいるので、広東語もある程度話せないとタクシーにも乗れなかったり買い物もできなかったりします。

この話の中に出てきた「ハイ」という言葉は、漢字で書くと「係」という字で、日本語の中にも入ってきていて、「はい」と皆さんが返事をするときにも使われているものだと言われています。電話で返事をしている香港の人が「ハイ」と返事をしているのを聞くと、一瞬この人は日本人か、と思ってしまいます。

今日は、この広東語の中で一つだけ覚えやすい言葉を皆さんに紹介したいと思います。それは「おはようございます」という意味の言葉で、毎朝、香港の町の中でこの広東語を使う中国人たち同士が出会うと、この言葉が交わされます。

それはこのように書きます。「早晨」、読み方は「ゾウサン」です。日本語で動物のあのゾウさんとほとんど同じです。「晨」は日本語で「シン」と読み、意味は早朝を表します。

朝、私に会ったら、「おはようございます」でももちろんいいですが、「ゾウサン」と声をかけてくれたら、私も「ゾウサン」と応えたいと思います。ちょっと練習してみましょう。

皆さんはこれから、何十年も生きていく間に、日本人以外の人たちとも出会うことがあるはずです。そんな人たちとも進んでいろんなお話ができて、自分たちの気持ちを伝え合ったり、一緒に協力していろんなことに取り組んだり、助け合ったりできるようになってほしいと思っています。言葉は人と人とをつなぐための大切なものなのです。

また、外国の言葉を学ぶことは、その国の文化を学ぶことでもあり、私たちの日本語とはどんな言葉なのかを学ぶことでもあるのです。

〈戦争と平和を考える〉——全校登校日の話—— ２００９・８・19

1　八月六日、八月九日、八月十五日という日

十日ほど前、八月六日には、テレビでは朝から、広島市というところで行われていた平和記念式典の様子が放送されていました。きっと皆さんの中にも、その様子を見た人たちもいるでしょう。また、八月九日には、長崎市でもそのような式典が行われていました。十五日には、今から六十年以上前になりますが、世界的な大きな戦争が終わったこの日を記念しての終戦記念日の式典が東京の方で行われています。今日は戦争と平和についてのお話をしたいと思います。

八月六日、九日、十五日という三つの日を紹介しましたが、そのうちの一つ目の八月六日という日には広島市では毎年、このような式典が行われています。どうしてでしょうか。それは、今から六十四年前のこの八月六日に、世界で初めて原子爆弾というものが広島に落とされ、数多くの方々が亡くなりました。その当時、日本はアメリカ、イギリス、中国などと戦争をしていたわけですが、このようなことが二度と起きないようにしよう、平和を大切にしよう、という決意を確かめ合うために行われています。

いったいこの原子爆弾とはどのようなものだったのでしょうか。広島に原子爆弾が落と

されたのは一九四五年の八月六日朝八時十五分頃でした。落とされた爆弾はたったの一発。それを空から落とした飛行機も「エノラ・ゲイ号」というアメリカのB29爆撃機、たった一機でした。それでもこの爆弾のために亡くなった人は十四万人にものぼるという大変な数でした。

この爆弾の破壊力がとてつもないもので、爆発した瞬間には直径が三百メートルにもなる巨大な火の玉ができ、その中心の温度は二百五十万℃、表面でも六千℃という想像もできないような高熱でした。その爆発で起きた爆風は秒速二百メートルといいますから、もし、そこに人が立っていたら一秒間で二百メートルも吹き飛ばされたことになります。だいたい一秒間でこの体育館から南条中学校のはるか向こうの方まであっという間に吹き飛ばされるというような威力でした。

現在、広島市には広島平和記念資料館というものがつくられていて、原子爆弾の被害を受けた当時の大変な様子を今後に伝えようとしています。私もこれまで二回、そこを訪れたことがあります。いくつか紹介します。

一つは、ある銀行の玄関の階段にあったという二メートルぐらいの長い石です。その石にはちょうど人間が腰掛けたぐらいの大きさの黒い影がついていました。それは爆発したときに熱線を浴び、たまたまそこに座っていた人が残した影だとのことでした。よっぽど強い熱線だったのでしょう。当然そこにいた人は亡くなられてしまったのでしょう。自分の影だけを残して。

　他にもいろいろなものが展示されていましたが、溶けてくっついたいくつものビン、表面の塗料が沸騰した跡が残る瓦《かわら》、亡くなった人たちが着ていた、焼けこげてぼろぼろになった服など、どれをみても想像できないくらい大変だった様子が伝わってきます。

　八月九日にも、九州の長崎というところに二個目の原子爆弾が落とされ、ここでも同じようなことが起きました。

　六十四年前に落とされた原子爆弾は二個だけでしたが、現在はこのような恐ろしい原子爆弾のような〝核兵器〟と呼ばれるものは無くなっているのでしょうか。そうではありません。現在も、アメリカやロシア、イギリス、フランス、中国など世界中に合計一万発とも二万発とも言われる核兵器がこの地球上にはあります。最近は北朝鮮という国でこの核兵器の実験が行われた、ということで問題になっていました。

　科学者たちの研究によれば、もし、このような核兵器が実際に使われるような戦争が起き、そのわずか数パーセントでも使用されたら、その爆発のために舞い上がる土や砂ぼこりで日光が地上に届かなくなり、真夏の東京でもマイナス一〇度という寒さで植物は枯れ、動物も人間もとてもまともには生きてはいけないような死の星になるだろうと言われています。

ここに漫画家の中沢啓治さんという人が、当時の広島で自分が少年時代に体験したことをもとにしてつくられた『はだしのゲン』（汐文社）という本があります。読んだことがある、という人もいるかもしれません。この漫画には少年ゲンの家族や近所の人、友達がこの原爆のために次々に亡くなっていく様子や、その中でも、たくましく生きていく主人公のゲンの姿が描かれています。

日本だけでなく、最近では、海外でもよく読まれるようになっていて、アメリカのオバマ大統領の家族にも英語版を送り、ぜひ広島にも来てもらえるようにしよう、という取組みを広島の市長さんなどが進めているという新聞記事がありました。

なお、この南条小学校には、広島出身の先生がお一人ですがいらっしゃいます。お話を聞ける機会があるとよいと思います。

2　これまでの戦争で亡くなった人たち

これまで、世界の歴史を振り返ると、幾度となく戦争が繰り返されてきました。戦争の中では当然、武器を持って戦うたくさんの兵士・軍人が亡くなっています。しかし、戦争に直接関係のない、武器を持たない人たち、皆さんのような子どもや赤ちゃんや女の人、お年寄りなどの〝一般市民〟も、戦争の中でどれぐらい命をなくしているのかをこの表で見てみたいと思います。数字は亡くなった人たちの割合です。

戦争	軍人	一般市民	備考
第一次世界大戦 ・1914～1918 ・今から100年ほど前	95%	5%	・初めて戦車、飛行機、潜水艦等の新兵器が登場した。毒ガスなども使われた。 ・ヨーロッパで約1500万人の死者
第二次世界大戦 ・1941～1945 ・今から70年ほど前	52%	48%	・広島・長崎に原子爆弾が落とされた。 ・世界中で約5000万人の死者 ・日本でも約300万人の死者
朝鮮戦争 ・1950～1953 ・今から60年ほど前	16%	84%	・日本の基地からも、戦争をしていたアメリカの飛行機が飛び立っていった。 ・朝鮮人が200万人以上の死者 ・北朝鮮と南朝鮮＝韓国が分かれた。
ベトナム戦争 ・1965～1975 ・今から40年ほど前	5%	95%	・日本からも沖縄などからアメリカの飛行機が飛び立っていった。 ・ベトナム人だけでも100万人以上が亡くなった。 ・キング牧師などの反対運動があった。

（注）％の数字は、東京都教職員組合発行「核のはなし」による

最近になればなるほど直接武器を持って戦う兵士たちが亡くなるだけではなく、一般市民の方々が戦争の中でたくさん殺されていることがわかります。科学が進み、たくさんの人をいっぺんに、簡単に、正確に殺してしまえるような新兵器がたくさん登場してきたためです。また、住民の多い大都市に向けた攻撃が増えているからでしょう。

3　平和をつくりだすために

この南越前町でも、これまでの戦争で多くの人が亡くなっていて、妙泰寺《みょうたいじ》の近くの広場には大きな石碑があり、そこに戦争で亡くなった方の名前が刻まれています。私の調べたところでは、南条地区だけで二百四十二名の方が亡くなっています。この南条には爆弾が落ちるようなことはありませんでしたから、ほとんどは戦場の戦闘の中で相手の攻撃を受けて亡くなった方々だと思います。もしかしたら、その時のけがや病気で亡くなった人たちも含まれているかもしれません。

また、皆さんが毎年、募金運動をしているユニセフ募金は、このような戦争の中で親を殺され、一人ぼっちになったような子どもたちのためにも使われています。

今も世界のあちこちで戦争は起きています。なぜこのような戦争が起きるのか、どうしたらなくせるのでしょうか。

日本の一番大切な法律である日本国憲法には、「国と国の間にいろいろな問題が起きても、戦争で解決しようとするのではなく、よく話し合いながら、人と人、国と国の信頼関係を築いていく中で問題を解決していくこと。そうして、平和な世界を実現させるための努力を大切にしていこう」という考え方が示されています。

また、「国と国が戦争をするための武器は持たないようにしよう」とも決めてあります。これまで六十年以上、日本が他の国との戦争を一切してこなかった理由もこの『憲法』というものがあるからです。これは『平和憲法』とも呼ばれています。

『教育基本法』という法律には、学校では、一人ひとりが大切にされ、本当のことや正しいことを学び、平和な国や社会を作っていくための学習をしていかなくてはならない、ということも書かれています。

戦争というものは人を殺したり、傷つけたり、建物などを破壊するという暴力にほかなりません。皆さんの周りでもいろいろなもめ事が起きていると思いますが、ケンカをして決着をつけるとか、仲間をたくさん増やして相手を脅かす、いじめる、というような暴力の力に頼る方法ではなく、なぜこのような問題が起きたのか、みんながどうすればこのようなことを防げるのか、このようなことを話し合いながら、人と人との絆や信頼関係を作っていく中で解決できるような力を育てていってほしいと思います。

憲法に書かれていることは、遠い世界のことではありません。このように身近なところからの小さな平和を作り出す努力が、やがて大きな平和を作り出す力になっていくものと思います。

〈益川敏英さんから学ぶ〉――全校集会の話――　２００９・９・28

今日は理科の話です。

皆さんが夏休みに取り組んだ工作、ポスター、理科研究や植物採集標本などの理科作品が中ホールに展示されていました。チョウやハチ、クモを調べたり、日食や空の雲の種類を調べたり、植物で紙を作ったり、南条の花であるハスを調べたりというような、立派な作品がたくさんありました。

昨年、四人の日本人科学者がノーベル賞を受賞して話題になりました。その中には福井県出身の南部陽一郎さんという方もいた、ということで福井県内でも話題になりました。この四人の中に、ノーベル賞物理学賞を受賞した小林誠さんという人と、益川敏英さんがいました。この方たちが共同して研究してきたことが認められての受賞でしたが、いったいどんな研究だったのでしょうか。

この世界にあるもののすべてはどのような物でできているのか、それを細かく調べていくと、例えば水であれば水の分子があり、その分子は酸素原子と水素原子というものでできている。さらにはそれらの原子は原子核と電子というものでつくられている。その原子核は陽子と中性子でできている。その陽子はクオークというものでできている。そのクオークというものには六種類あることがわかった、というような研究でした。

大きな施設を使っての様々な実験を通してわかってきたことをもとにして考えられた理論、考え方で、さらなる実験でもこの考え方が正しいことが証明されました。これまでの科学の世界の謎の一つが解き明かされた、ということでノーベル賞の受賞となったわけです。

このクオークの大きさですが、およそ百兆分の一センチといいますから、とうてい虫眼鏡や顕微鏡で見えるものではありません。

私たちの体も約六十兆個の小さな細胞というものでできていますが、その細胞も、分子、原子、原子核、クオークでつくられています。いったいいくつぐらいのクオークが私たちの体の中にあるのでしょうか。計算をしてみると、一兆の一兆倍のさらに三百万倍ぐらいの数のクオークの集まりということになります。

益川さんたちの研究していることは、宇宙の研究の中にも出てきます。今私たちが生きているこの宇宙全体は、今から百四十億年ほど前に起きた「ビッグバン」と呼ばれる大爆発によって生まれたことがわかっていますが、私たちの体も、もともとは、その時にこの世に生まれた、宇宙を漂っていたチリが集められてつくられているものです。このマイクの中の鉄も、その後に生まれた、太陽の何倍もの大きさの星の寿命が尽きて大爆発を起こした時にしかできないもので、私たちの体の中を流れる血液の中にも鉄分として含まれているものです。これがなければ生きていけません。

この世界とはどんなものなのか、人間や生き物とはどんなものなのか、というような自然の奥深い姿を明らかにしていくことが、益川さんたちの研究と言えると思います。

先日益川さんのお話がある新聞に載っていました。益川さん自身が小さい子どもの頃には、日本はアメリカなどの国々と戦争をしていて、益川さんが住んでいた名古屋市でも大きな空襲があり、家の周りも焼け野原になり、その中をリヤカーに乗せられて逃げていくところを、今でもはっきり覚えているそうです。益川さん自身、「私は、国が起こす戦争にはどんなことがあっても抵抗していきたいと思います」と述べておられますし、「九条科学者の会」という会を作って、戦争や暴力に反対し、平和を守るための運動も進められているとのことでした。この九条というのは日本国憲法という一番大事な法律の第九条のことで、国が自分から進んで他の国と戦争を始めたりはしません。とか、そのための武器を持つようなことはしません。と書かれているものです。これは夏休みの全校登校日の日にも紹介しました。科学者の研究が、戦争などで人を殺すために使われるべきではないことを、益川さんも自分の体験から強く感じているのだと思います。

　また、益川さんは学生の頃、名古屋大学というところで研究をしていましたが、この頃を振り返って、「この研究室ではみんなが自由にいろんな意見や疑問を出し合っていつも議論をし合っていた、それが研究を進める大きな力になっていました」と述べています。このことは学校の学習でも、とても大事なことだと思っています。

　皆さんは教室の中でいろいろなことを学んでいますが、自由に意見や質問を述べ合うことができているでしょうか。よくわからないことをわかったふりをしていたり、がまんをしていたりしていないでしょうか。先生や他の人の話をよく聞いたり、わからないことを質問したり、説明したり、自分が正しいと思った意見を述べ合う。そのようなことができてこそ、本当に皆さんの学習の力、より深く追究する力、新しいものを発見したりつくり出したりする力が生まれてくるのではないかと思います。

　皆さんの理科研究・理科作品はとてもすばらしいものでした。理科が好きな人は理科に関係する知識をたくさん身につけていくだろうと思いますが、そのような知識をみんなの幸せのために使えるようにしていってほしいと思います。私は、幸せになる、というのは、みんなの幸せのために力を尽くす中で自分も幸せになれる、ということだと思っていますが、このことは、これから、皆さんと一緒に考えていきたいと思います。

〈ダーウィンの進化論〉―全校集会の話―　２００９・10・4

チャールズ・ダーウィンという人の名前を皆さんは聞いたことがあるでしょうか。毎週日曜日の夜には、『ダーウィンが来た』というテレビ番組もあります。この人の名前にちなんでいます。ダーウィンは今から二百年前の一八〇九年にイギリスで生まれた人です。今年はダーウィンが生まれてちょうど二百年目になる、ということで、新聞やテレビなど、いろんなところで話題にもなっていました。今日はこの人のお話です。

ダーウィンは、世界中の生物を研究するために一八三一年十二月から一八三六年十月まで、約五年間かけてビーグル号という船で南アメリカ近くの太平洋に浮かぶガラパゴス諸島をはじめ、世界各地を訪れました。そしてそのあと、「生き物というのは、長い年月の間に周りの環境などの変化に合わせて姿形を変えて、進化するものである」という「進化論」を初めて発表したのでした。それまでは、ヨーロッパの大多数の人たちが信じている宗教であるキリスト教の教えに基づいて、人間をはじめ、この世の中のすべてのものは神様が創《つく》ったものである、と信じられていました。ですから、このような主張をすることは大変勇気のいることであったはずです。

進化する動物たちの中には私たち人間も含まれています。人間はよく「猿の仲間」だといわれることは聞いたことがあると思います。例えば、皆さんの手足の指先には指紋というものがあるはずです。このような指紋がある動物は猿の仲間だけです。自分の手足を確かめてみてください。また、それだけでなく、生まれる前、お母さんのおなかの中で命が生まれてすぐの頃には、魚のようなえらがあったり、お尻にしっぽがついていたりするような時期があります。

ダーウィンは、人間も当然猿の仲間であり、その先祖はアフリカで発見されるだろうという予想を発表していましたが、当時はだれもそんなところへ出かけて発掘調査をやろうというような人はいませんでしたから、その予想がまちがいないものであることがわかったのはわりと最近のことです。現在、いろんな国の調査団がアフリカなどで発掘調査をして、人類の祖先に当たるような生物の化石を見つけることができるようになってきました。

私たちの体の細胞の中には自分がどのような姿形になっていくのかを計画、実行するための「遺伝子」というものがあります。また、すべての人間は母親から生まれてきますから、必ず母親から受け継ぐという遺伝子があり、この研究によって、この地球上のすべての人間のご先祖様をさかのぼっていくと、今から二十万年ぐらい昔のアフリカにいた一人の女の人にたどり着くことがわかっています。この人はキリスト教の神話にちなんで「イブ」あるいは「ミトコンドリア・イブ」というふうに呼ばれています。

さらにさかのぼっていくと、いろんな動物や植物の共通の祖先にもたどり着くことがわかっています。今から四十億年ぐらい昔の海の中で誕生した、たった一つの生命は、周りの環境に応じて姿を変えながら進化してきて、現在、約八百七十万種類といわれるこの地上にいるすべての生物、そしてこの私たち人間を作り出してきています。

いったい四十億年前というとどれぐらいの時間の長さになるのでしょうか。私たちの一生を仮に百年として、それを一ミリの長さとします。すると四十億年というと四十キロメートルになりますから、ここから福井駅のずっと先になります。イブが生きていた頃の二十万年前というと二メートルぐらい先ですから、学校の玄関をスタート地点とすると、玄関前を三歩ほど歩いたぐらいの距離になります。

NHKスペシャル『生命　40億年はるかな旅』という番組では、脊椎《せきつい》動物、つまり背骨のある動物たちの共通のご先祖様は、この「ピカイア」という生き物で、五億年前に海の中で生きていたと紹介されていました。大きさは四センチ程度で、背骨のもとになるようなものがついています。

今年の干支《えと》の丑《うし》や、馬や熊などの哺乳《ほにゅう》動物、つまり卵でなく赤ちゃんで生まれてくる動物たちの祖先は、恐竜たちがうようよし始めていた二億年ぐらい前に生まれたと考えられています。姿はモグラやネズミのような格好をした小さな生き物で、「アデロバシレウス」という名前がつけられています。落ち葉の下の小さな虫たちを食べて生きていたと考えられています。大きさは十センチから十四センチくらいでした。この哺乳動物のご先祖様が生まれた二億年前というのは、さっきの長さでいうと約二キロメートルになりますから、この学校から国道三六五号線沿いに行くと脇本のはずれ、越前市との境目ぐらいになります。

想像できないくらい、はるか昔から受け継がれてきたのが私たちのこの生命です。とぎれることなく、これからもまた、はるか未来にまでつないでいかなくてはなりません。

生物学では、人間は「ホモ・サピエンス」と呼ばれています。「賢い人」「知恵のある人」という意味です。いろんな生き物が、自分たちが生き延びるために他の動物たちを捕まえたり、あるいは仲間同士でも様々な争い事を起こしたりしています。

人間は、そして皆さんはどうでしょう。人と人との争いやもめ事というのは、世界中のあちらこちらで、教室や学校、家の中でも、友達同士の間でも、起きてしまうことがあるかもしれません。「知恵のある人、ホモ・サピエンス」らしく、どのようにすれば正しく解決できるか、みんなが安心して仲良く生活ができるのか、知恵を働かせて考えたいと思います。

平成二十一年度　第三学期始業式の話　２０１０・１・８

明けましておめでとうございます。

お正月にみる夢を初夢、といいますが、皆さんは何か夢をみたのでしょうか。夢というのは、寝ながらみる夢と、自分の将来の姿や実現したいことを夢ということがあります。

今日は、この夢ということについての話をしたいと思います。


有名なナポリの子どもたちの話があります。

今から、六十数年前、日本をはじめ世界中で行われていた大きな戦争が終わり、戦争に勝ったアメリカの兵隊たちが、負けたイタリアという国の、南の方にあるナポリという町へやってくると、子どもたちが道ばたでごろごろと寝っ転がっておしゃべりをしたり、ぶらぶらしたりしているのを見かけました。それで兵隊たちは、その子どもたちに、

「こんなところに昼間っから寝っ転がってぶらぶらしていないで、早く学校へ行って勉強をしなさい」と言うんですね。すると子どもたちは、

「どうして学校へ行かなきゃいけないの?」と聞きます。兵隊たちは、

「そりゃあ、学校へ行って勉強をして、いい成績を取っていい学校へ行って、大学にも行

って、そこでもまた、勉強ができるじゃないか」と答えます。すると子どもたちは、「大学で勉強して卒業したらどうするの？」と聞きます。それで兵隊たちは、「いい大学へ入っていい成績で卒業すれば、いい会社や役所にも勤められるし、そうなればお金もたくさん儲《もう》かるし、いい結婚もできるかもしれない」と答えます。「それでそれからどうなるの？」と聞かれて、「いい会社に勤めて出世をして、お金を貯めていい家を建てられるかもしれない。自動車も買って愉快に暮らせるかもしれない」と答えます。「それから？」としつこく聞くので、最後に兵隊たちは、「定年になったら、子どもたちも大きくなり、家でゆっくりと、のんびりと過ごすことができるだろう」と答えます。すると子どもたちは、「そんなに長い間待たなくても、今、自分たちがそれをやっているんだ」と答えるわけです。

皆さんはどう思いますか。やがてのんびり暮らせるようになるために、皆さんは学校へ来て勉強しているのでしょうか。皆さんの家族の人たちや大人の人たちは、のんびり暮らすために一生懸命働いているのでしょうか。

ここに、今の六年生の皆さんが、修学旅行のバスの中で書いた将来の夢がメモしてあります。これをみると、ある人は保育士になりたい、動物園の飼育員になりたい、消防士になりたい、ケーキ屋さんになりたい、コックさんになりたい、などと書かれています。

今、この南条の町でも、いろいろな仕事をしている大人の人たちがいますが、その人たちの様子をみるとどうでしょうか。

病気やけがで困っている人たちのためにお医者さんたちはがんばっています。みんなが安全に生活できるようにお巡りさんも仕事をしています。事故や火事や災害が起きると、消防士さんたちがかけつけてくれます。みんなに美味《おい》しいものを食べてもらえるように料理屋さんの人たちはがんばっています。立派な道路や橋やお家をつくるために建設会社の皆さんはがんばっています。みんなが寒さで凍えたりしないように、また、スポーツをしやすいような服を作ってくれる人たちがいます。学校の先生たちは、みんなにいろんな力を身につけてもらおうとがんばっています。もし、このような人たちがいなかったとしたら、どのようなことになってしまうのでしょうか。

みんなが健康で、安心して、楽しく幸せに生きていくためにがんばって仕事をしていらっしゃるのが大人たちであり、皆さんのお父さんやお母さんなんですね。このことをよく考えておくことが大事だと思います。

結局、私たちが勉強をして、成長して大きくなって大人になって生きていくのは、ナポりの子どもたちが言うように、自分が愉快にのんびり暮らすことができるようにすることや、アメリカの兵隊たちが言うように、お金をたくさん儲けたり、出世して有名になったりすることが一番大事な目的ではないらしいです。

　みんなの幸せのために自分にはどのようなことができるのか、自分らしさを発揮してどのように生きていけばよいのか、そのためには自分はこれからどんな力をつけていけばいいのか、そのようなことを学ぶために皆さんは今、この学校というところで勉強をしているということなのでしょう。そして、その先に六年生の皆さんが述べているような将来の自分の姿があります。

　このように考えていくと、やはり六年生のように自分が実現をさせたい将来の夢を持つことはとても大事なことだということがわかります。それに向けて今、どんな力をつけていくべきか。今年は、どんなことをがんばろうか、そのようなことをぜひ考えてみてくださいい。先生たちも、自分の夢や希望の実現のためにがんばろうとする皆さんの応援をしたいと思います。

〈「何のために勉強すんのかな」〉――全校集会の話――　２０１０・１・18

今年は寅年《とら》、トラというのは動物ですが、人間にも「トラ」、あるいは「トラさん」と呼ばれていた人がいました。それがこの渥美清さんです。

かつて、お正月には毎年、山田洋次監督という人の作った『男はつらいよ』シリーズの映画をあちこちの映画館で観ることができました。私もこの映画が大好きでしたのでよく観に行きました。この『男はつらいよ』シリーズの映画は三十年近く続いた映画で、全部で四十八本もの作品になり、この映画を日本人で知らない人はいないぐらいになりました。

主人公の車寅次郎、通称「寅さん」を演じた渥美清さんは一九九六年にすでに亡くなっていますが、亡くなった年には、多くの日本人を元気づけ、励ましてくれたということで、国から国民栄誉賞というものが贈られています。

この映画は今もなお根強い人気があり、今でも時々テレビなどで見ることがあります。皆さんの中の何人かの人にこの写真を見せたら、「この人見たことある」という人もいました。

この寅次郎という人は映画の中では、年がら年中、日本の各地をぶらぶら旅をしながらお祭りなどの時に本やおもちゃなどいろんなものを売ったり、占い屋さんをしたりして歩いているような人で、「フーテンの寅さん」などと言われていた人です。きれいな女の人に恋をしては、しょっちゅうフラれてばっかりいたという人でもあります。

映画の主な舞台になった東京都葛飾区の柴又というところには、現在、〈寅さん記念館〉という博物館があり、映画で使われたいろんな資料が展示されています。

私も今年の一月九日に、東京へ用事で出かけた時にここを訪れました。もう、これで四回目になります。

今から紹介するのは、この寅次郎と、その妹のさくらさんの息子である満男君という少年が、受験についていろいろ悩んでいるときに寅次郎に語りかける場面です。場所は東京葛飾の江戸川べりで、渡し船のある矢切の渡しがすぐ近くに見えるところです。

今日は、特別に満男君に登場してもらいます。満男君の役は児童会長のA君に協力をお願いしました。寅さん役はあまり寅さんらしくないかもしれませんが、私です。

満男「伯父さん、質問してもいいか」
寅「あまり難しいことは聞くなよ」
満男「大学へ行くのは何のためかな」
寅「決まっているでしょう。これは勉強するためです」

満男「じゃ、何のために勉強すんのかな」
寅「え、そういう難しいことは聞くなって言ったろう。つまり、あれだよ、ほら、人間長い間生きてりゃいろんなことにぶつかるだろう、なあ、そんな時に俺みてえに勉強してない奴は、この振ったさいころの出た目で決めるとか、その時の気分で決めるしかしょうがない。ところが勉強した奴は、自分の頭できちんと筋道をたてて、はて、こういう時はどうしたらいいかな、と考えることができるんだ。だから、みんな大学へ行くんじゃないか。そうだろう」

この寅さんのセリフは、たくさんの寅さんシリーズの映画の中でも、名セリフとして有名です。ある映画評論家は、「学校で勉強することについて、このようにすっきりとわかりやすく言えるのは、大学の先生にもいないのではないか」と述べていました。

寅さんが言うのは、みんなが学校で勉強をするのは、物事をしっかりよく見て、本当のことをよく確かめ、自分としてはそれをどう考え、どうすればいいのかをきちんとわかっていける力をつけるために、みんなは学んでいるのではないか、というようなことでしょう。

この映画を作った映画監督の山田洋次さんという人は、学校を舞台にした映画をいくつも作っていて、「学校で学ぶとはどういうことか」「幸せに生きるとはどういうことか」というようなことを、映画を通して観る人たちに訴えています。

皆さんは今年も、この学校で、いろんなことを学びながら、成長をしていきます。そのような中で、自分の未来の姿や自分の生きていく世界がだんだんよく見えてくるはずです。

寅さんが言ったように、また、始業式の時にもお話ししたように、自分の夢や希望を実現させるためにどうすればいいか、いろんなことにぶつかった時にはどうすればいいのかをより深く考える力と、それを実行していく力をつけるために、今年も、たくさんの仲間や先生たちと一緒に、そして、みんなで幸せに生きるための生き方とはどういうことなのかを学んでいってほしいと思います。

〈手紙〉―全校集会の話―　２０１０・２・８

皆さんはお正月に年賀状をもらいましたか。私もいろんな人たちからたくさんもらいました。今日は手紙のお話をします。

年賀状に限らず、はがきや手紙は、書いた人の心が文字に表れていて、もらってうれしいものです。先月お話しした寅さんも、たまにしか葛飾柴又の家に帰ってこないのですが、旅先から時々はがきや手紙を送っていて、それが映画の中で紹介されることもありました。

私もこれまでたくさんの手紙やはがきをもらってきましたが、先生としての仕事が大変になってきた時や悩んだりする時などに、机の中から取り出してきて読む手紙がいくつかあります。これがその手紙の一つです。ずいぶん前にもらったものなので、色が黄色くなっています。かつて、私が担任をしていた教え子の一人からもらったものです。この教え子というのは女の子ですが、中学校の時に女の子のツッパリグループの番長になるような子で、いつもすごい格好をして学校へ行き、大きな事件を起こしていたような子でした。

ここでは読みませんが、もし、見せてほしいという人がいたら、校長室の机の中にいつも置いてありますから、私がいる時でしたら見せることができます。

もう二十年近く前になりますが、中国でつくられた『山の郵便配達』という映画があります。実際にあった出来事をもとに、彭見明（ポン・ヂェンミン）という人が小説にし、さらにそれを映画にしたものです。私もこの映画を見たことがあります。この映画をちょっと紹介します。

中国の地図を見ると、広い中国の真ん中あたりに湖南省という、高い山と細長い湖がたくさんあるようなところがあります。そこに一人の年をとった郵便配達の人がいました。この地方は自動車も入れないような細い道の山岳地帯で、郵便配達の人はたくさんの手紙を大きなリュックに詰めて歩いて、三日間もかけながら配達していきます。川を渡ったり、山を越え、谷を越えたりして、途中であちこちに泊まり、手紙を待っている人たちのために歩き続けて配達をしていました。〝ジナンボウ〟と呼ばれる犬も一緒でした。

この郵便配達の人もだんだん年をとって定年退職の日が近づいたときに、この人は自分の若い息子に自分のあとをついで、郵便配達の仕事をしてほしいと思い、ある日、息子も一緒に連れていきます。

この息子というのは、郵便配達の仕事のために普段家にいることがほとんどないようなお父さんの仕事を、とてもやる気にはなれず、いやいやついていきました。でも、お父さ

んの仕事を間近で見ているうちに、山の中の村に住む人たちが待ちわびている手紙というものがどんなに大切なものであるか、お父さんの仕事というものがどんなに大事なものであるかがわかってきて、だんだんと気持ちがゆり動かされていきます。

　私が今もよく覚えている場面の一つに、この年とった郵便配達のお父さんが、山の中の村で、一人暮らしをしている目の見えないおばあさんに届いた手紙を息子といっしょに読んであげる場面がありました。おばあさんに都会に出て働いている息子から届いた封筒にはお金がいくらか入っていただけで、手紙などは入っていなかったのですが、おばあさんががっかりしないように、息子が町で元気でがんばっているというようなことを、手紙を読んでいるふりをしながらおばあさんを励ましている場面がありました。

一つひとつの手紙にはいろんな人々の様々な喜びや悲しみが綴《つづ》られています。息子は、手紙を出したり受け取ったりする人たちの様子を見て、このような手紙を届けるという仕事のすばらしさに気づき、誇りを持ち始め、自分の仕事とすることを決意していくのです。そして、映画の最後の場面ではお父さんに代わって、犬の〝ジナンボウ〟と共に手紙のたくさん入ったリュックを背負って、出かけていくのです。

この映画は、人が一生をかけてやる仕事とはどういうものなのか、そして、家族の絆とはどういうものか、ということを、観る人たちに教えてくれたのです。

今は携帯電話やパソコンメールなどが使われるようになり、手紙を自分の手で直接書くということが少なくなってきましたが、手紙はそこに本人が直接書いた文字を通して、その人の心も伝わってくるものです。遠く離れた家族に、懐かしい友に現在の様子を知らせる。時には恋人にラブレターを書く。そして返事を待つ。一通一通の手紙には、人々の様々な思いが込められています。郵便の配達をしてくれる人たちにも感謝をしながら、そして、いろいろな人たちの心のこもった手紙を大切にしたいと思います。

平成二十二年度　入学式　２０１０・４・６

新しくこの南条小学校の一年生になった六十二名の皆さん。入学おめでとうございます。お忙しい中をおいでくださいました、ご来賓の皆様、まことにありがとうございます。

今日はこんなにたくさんの皆さんが、みんなの入学のお祝いのために集まってくださっています。先生方も皆さんの入学を心から歓迎しています。

また、何よりも皆さんの入学を楽しみにしていたのは、二年生から六年生までのお姉さんやお兄さんたちでしょう。後で、お兄さんやお姉さんたちを代表して、六年生のＡさんが歓迎の言葉を述べてくれますが、どのような気持ちで皆さんを、新しい仲間として迎えようとしているのか、よく聞いていてほしいと思います。

もし、一年生の皆さんが、学校のどこかで転んでけがをしてしまった時、あるいは、何か悲しいことがあって泣いているような一年生がいたら、きっと上級生の人が「どうしたの」というように声をかけてくれると思います。そうじのときには上級生の人たちがそうじの仕事を教えてくれるでしょう。給食の時間には配膳のお手伝いに来てくれるかもしれません。もうしばらくすると、休み時間には、大勢のお兄さんやお姉さんたちとも一緒に元気よく遊んでいるのではないかと思います。

小学校での生活は、保育所や幼稚園とはずいぶん違います。きっと皆さんも心配をしていることがいろいろあるかもしれませんが、この学校の上級生の皆さんはみんなこのような優しさをだれもが持っていますから、安心して、仲良く元気に過ごしていってほしいと思います。

先生方も、一年生のみんなが元気に生き生きと生活していけるようにがんばっていきます。

保護者の皆様、本日はおめでとうございます。

昭和初期の頃のキリスト教徒であり、著名な社会運動家でもあった賀川豊彦という人は、東京の深川で行われた、ある講演会の中で子どもが本来持っている権利の一つとして、「子どもには叱《しか》られる権利がある」という有名な言葉を残しています。これは、正と邪をわきまえる、という意味のほかに、「子どもには、叱られるようなことをしでかしながら成長する権利がある」「子どもはいろんな失敗をしたり、時には他人に迷惑をかけたりしながら成長していくものだ」というような意味にもなります。

お子さんはこれからの六年間の小学校生活の中で、時には人に迷惑をかけるようなことをしてしまったり、他の人たちにはできたことが、ある子にはうまくいかなかったり、他の子たちとの関係がなかなかうまくいかなかったり、というようなことも起きてくるかもしれません。

このような身近で起きる問題を一つひとつ乗り越えながら子どもたちは成長していきます。その支えになるのは、まず第一には、身近なところで見守っているご家庭の保護者・家族の皆様です。

ぜひ、子どもたちの話をよく聞いてあげてください。共感的に気持ちを受け止め、そして今のありのままのお子さんを認めていってほしいと思います。子どもなりに悩んだり苦しんだりしながら一生懸命生きていることを認めて、「あなたはかけがえのない大切な子だ」ということを伝えていってほしいと思います。

しつけも勉強も大切なことですが、子どもたち自身が、自分は大切な人間なんだ、存在価値のある人間なんだ、という自己肯定の気持ちを子どもの心に育てていくことが、子どもたちの成長のために何よりも大事なことです。

学校も、お子様方一人ひとりの健やかな成長のために、保護者の皆様や地域の皆様と力を合わせて、全力でがんばっていきたいと思います。どうぞよろしくお願いいたします。

〈人と人の絆〉—全校集会の話—　2010・5・25

私はこれまで三十年以上先生という仕事をしてきましたから、だいたい千人を超えるぐらいの子どもたちの担任をしてきました。今日はその中で、別の県で先生をしていた時代の、A君という子の話をしたいと思います。

この前の土曜日には、体育大会がありましたが、この中では六年生のS君やT君、M君の三人の応援団長を中心にして大変がんばっていました。このA君という子も六年生の時には体育大会で応援団に入ってみんなの先頭に立ってがんばってくれるような子でした。一つの学年が五クラスぐらいある大変大きな学校でしたから、全校生は千人を超えるような規模で、しかも体育大会は紅白対抗でしたから、一つの色だけでも五百人を超えるような体育大会でした。

やがて、このA君、中学校へ行くといろんな上級生や友達とつきあうようになり、学校をサボったり、タバコを吸ったり、人のものを脅かしてとったり、暴走族の仲間に入ってオートバイを無免許で乗り回したり、格好もずいぶん変な格好になっていきました。私もちょっと心配していたのですが、やがてけんかで相手に大けがをさせ、警察に捕まってしまいました。

そして、少年鑑別所というところへ送られました。この鑑別所というところは、問題を起こした少年がなぜこのようなことをしたのか、どのようにすれば立ち直っていけるか、ということを調べたり、考えたり、相談したりするところです。どの県にも一つ以上あり、福井県にも福井市内に一つあります。

私も小学校時代の担任の先生だったから、ということで会いに行くことになりました。鑑別所へ行ってこのA君に会って、「こんにちは」と声をかけると、いきなり「うっせんだよー」という返事でした。座り方も横向きで、顔をちゃんと合わせようとしません。「A君の友達だったB君やC君は、ちゃんと部活や勉強、がんばっているじゃないか」という話をすると、「だっせーんだよー、あいつらはよー」という、こんな言い方でした。

でも、なぜかお母さんのことをとても心配していました。話しているうちに、「おふくろ、ちゃんと朝飯食ってるかな」などという話もしていました。

実はこのA君はお母さんと二人だけで暮らしていて、夜の仕事で毎日遅くなるお母さんのために、いつも朝ご飯を作っていたんですね。それから、小さい頃には、お父さんとも一緒に暮らしていたんですが、お父さんがお酒が好きで、よくお酒を飲み、暴れて、お母さんを殴ったり蹴ったりしていたそうです。そのたびにこのA君はお母さんを守るために、お母さんやお父さんにしがみついたりして、お母さんの代わりによく蹴飛ばされたり殴られたりしていたんだそうです。

この鑑別所にもお母さんはやって来ました。そして、

「もうこれ以上みんなに迷惑をかけるなら、お母さんがあんたを殺して、お母さんも一緒に死ぬから。こんなことができるのは、お母さんだけだから。だけど、あんたが私の子どもでいてくれたおかげで、うれしかったこともいっぱいあった。だから、もし、生まれ変わっても、必ずお母さんの子どもになって生まれてきなさいね」

涙を流しながら、こんな話をされたそうです。

こんなお母さんの話を聞いて、さすがのA君も大泣きをしたそうです。そして、お母さんのためにもしっかり生きていきたい、と強く思うようになり、立ち直っていきました。

やがてガソリンスタンドで働くようになり、現在は、結婚をして子どもも生まれ、三人の子どもの父親になっています。

私に送ってくる年賀状には、いつも必ず家族の写真が載っています。「子どももこんなに大きくなりました」というようなことも書いてあります。

皆さんは学校の中でも、家の中でも、悲しいことやつらいこと、いらいらするようなこと、やけくそになりたいことなど、いろんなことがあると思います。そのようなことも家族、友達、先生など、必ず人と人との絆の力で乗り越えていけるものです。

このような人と人との確かな絆をみんなで作っていきたいと思います。

平成二十二年度　第一学期終業式の話　２０１０・７・20

今日で一学期が終わりになります。

この一学期が始まるときの始業式の日にお話ししたことを覚えているという人はなかなかいないかもしれません。あのときの、

「新しい学年になったわけですから、失敗をおそれないでいろんなことに挑戦をしていってほしい」という話。これはこれまでもいろいろなところで何度かお話ししました。

「新しい学年になったのですから、新しい挑戦がたくさんあるはずです。失敗することが恥ずかしいのではなく、失敗から学ばないことが恥ずかしいことです。失敗をおそれずに挑戦していってほしい」といった話をしました。

そして、もう一つお話ししたことがあります。だれかが何かで失敗をしてしまったり、だれかがみんなに迷惑をかけるようなことをしてしまったとき、あるいは、他の人のようになかなかうまくいかなくて困っている人がいたりしたとき。そんなときにはだれでも「自分はなんてダメなんだろう」と自信をなくしたり落ち込んだりすることがあるはずです。そのようなときにどれだけ周りの人たちがその人の立ち直りを支えていけるかがとても大事なところです、といった話もいたしました。

サッカーのワールドカップ南アフリカ大会では、日本代表のチームはベスト16まで行きましたが、準々決勝でパラグアイという国のチームと対戦し、残念ながら負けてしまいました。

このときの試合は、前半・後半・延長戦でも勝負がつかなかったため、ＰＫ戦で勝負をつけることになりました。代表選手とキーパーが順番にＰＫ戦を進めていきましたが、ある日本選手がこのＰＫを失敗してしまいました。蹴ったボールがゴールポストに当たってしまってゴールが決まりませんでした。結局そのために日本チームは負けてしまいました。でも、その失敗した選手を、周りの選手たちも、日本チームの応援をしている人たちもけっして責めたりはしませんでした。その選手は涙を流しながらみんなにすまなさそうにしていましたが、周りの選手たちはだれもがその選手を励まし、元気づけていました。それどころか、会場内外で応援をしていた多くの日本人たちは、「よくがんばった」といってねぎらいの拍手を送っていたほどでした。

私たちも、何かうまくいかなかったことをある人のせいにしたり、ある人をみんなが責めたりすることはありがちなことですが、本当に同じ仲間としていい学級をつくっていくという努力をし合っていたならば、失敗があっても、他の人のようにはうまくできない人がいたとしても、その人を責めたりバカにしたり見下したりすることはけっしてないでしょう。

皆さん全員の通知表を読ませてもらいました。その中には、とてもすばらしいことがいっぱい書いてありました。

「保健係として体調の悪い友達にとても親切にしていました」

「欠席した友達の朝顔の水やりをするなど、思いやりのある優しさが見られました」

「友達の作品を見て、良さや工夫したところを進んで見つけ、感想に書いていました」

「水泳学習では、リーダーとしてグループのメンバーに、クロールや平泳ぎの泳ぎ方をわかりやすく教えてあげていました。困っている友達に優しく教えてあげていました」

「なかよし班の活動や休み時間には、困っている子に優しい言葉かけをしたり、進んで遊んであげていました」

「毎日、幼稚園児の手を引いて登場するなど、登校班長としての責任をしっかり果たしています」

「明るい学校にするために、楽しい学校にするために、あいさつ運動や集会活動に一生懸命取り組んでくれました」

このようなことがたくさん書かれていました。

六年生は総合的な学習の活動では『みんなのためにわたしのために』というテーマで、

幼稚園や保育園の園児や、特別養護老人施設「ほのぼの苑」のお年寄りの方たちとの交流活動を進めています。このテーマのように、だれかのために自分の力を発揮してくれた、という人たちがいろんな学年にたくさんいたことがわかりました。本当にすばらしいことだと思いました。

みんなが安心して学校生活を送るためには、お互いに大切にしたりされたり、認め合っていけるような優しさという力をみんなで発揮していくことが、大事であることをあらためて確かめ合って、一学期の締めくくりと、二学期に向けてのお話とします。

〈手を抜かずに走りきれば〉――全校集会の話――　２０１０・９・１３

先週金曜日の九月十日には、河野小学校で南条郡小学校陸上記録会という大会がありました。五・六年生が夏休みのうちから何日も練習に取り組んでいたので知っている人もいると思います。暑い中での練習でしたから、とても大変でしたが、それを乗り越えて九日の大会を迎えました。ほとんどの人が自分のこれまでの記録を超えるような、新記録を作っていました。どの人も自分の力を精一杯出して、走ったり、跳んだり、投げたりしていました。自分の新記録を出したときの気持ちの良さ、快さは言葉では言いつくせないようなものです。これまでにないようなスピード感や跳んだときのジャンプ感、投げたときの力の入り具合の感触が、これまでになかった新しい自分というものの発見につながって、自分に自信がわいてくるものです。私も高校時代には陸上競技部に入って、毎日走ったり跳んだりする練習をしていましたから、このようなことはよくわかります。

四年に一度、世界中の有力なスポーツ選手が集まっていろいろな種目のゲームを行うオリンピック大会がありますが、そのオリンピックに二回出場して二回ともメダルを獲得した人で、有森裕子さんという方がいらっしゃいます。種目は陸上競技のマラソンです。このマラソンというものは、「花はすマラソン」、「校内マラソン」などというように、この南越前町やこの学校でも開かれるのですが、正式なマラソン競技というのは、四二・一九五キロという大変長い距離を走るものです。この南条小から福井をはるかに越えて春江や丸岡のあたりまで一気に走っていくぐらいの距離になります。女子にはきびしすぎるので無理、ということで昔は男子にしかなかった種目でした。

この有森裕子さんの話が、ある新聞に載っていました。この有森裕子さんは一九九二年のバルセロナ大会と、一九九六年のアトランタ大会に出場し、メダルを獲得しています。二回目のメダルを手にしたときに、「自分で自分をほめてやりたい」という有名な言葉を残しています。つまり、手を抜くことなく全力でがんばり抜いた自分に対して感じた、自分への快さをこのような言葉にしたのだろうと思います。

この有森さんは、現在は、日本陸上競技連盟や国際陸上競技連盟の委員としての仕事の他にもいろいろな仕事をされています。オリンピックはもともと平和の祭典とも言われていて、かつては、この大会が開かれている期間は一切の戦争をやめようという約束もあったほどでした。有森さんは、「平和の祭典であるオリンピックでメダルを取ったことを生かしたい」ということで、東南アジアのカンボジアなど、国の中で戦争が繰り返された国々で、地面に埋まった爆弾、地雷を取り除くための活動や、地雷のために自分の足を失った人たちに義足を作りプレゼントをするなど、自立を支援するための『ハート・オブ・ゴールド』という国際的な団体を作って支援活動を行っています。

また、体に障がいを持つ人たちがスポーツに親しめるようにするための『スペシャルオリンピックス日本』という団体を作って、理事長という責任者としての活動をしています。

さらには、国連の親善大使としてエイズという病気で苦しむ人たちが多い国を訪れて、その予防のための活動に取り組んだり、男子も女子も平等でみんなが安心して生活できるような社会作りにも取り組んだりしています。

スポーツ選手としての自分の経験を見事に生かしています。有森さんは、「私はスポーツマンとしての熱い心と冷静な頭をもって様々な現実と向き合っています」とも述べています。

皆さんの中にも多くの人たちがスポーツ少年団などでがんばっていることをよく知っています。スポーツというものは、目標を目指して手を抜くことなくがんばり抜くというような熱い心を育てるだけではありません。その経験をどのように生かしていくのか、ということを考えられるようなスポーツ選手であってほしいと思っています。

この有森裕子さんは、ボクシング選手の矢吹丈という少年が主人公の『あしたのジョー』という漫画が大好きだったという話です。ちばてつやさんという漫画家が描いたこの矢吹丈のポスターを、自分の部屋にいくつも貼っていたそうです。

　実は私もこの漫画が好きで、若い頃にはよく読んでいました。ライバルであった力石徹という選手や、ホセ・メンドーサという選手との試合の、ものすごい場面などは今でも思い出します。

　今でも、有森さんは、ボクシングのリングの上で命を燃やし尽くした矢吹丈を思い浮かべながら、

「どのような形であっても最後まで手を抜かずに走りきれば、ジョーのように『やりきった』と思えるようになるんです」というふうにも述べていらっしゃいます。

　今日は、スポーツ選手とはどういうものなのか、というお話をしました。有森さんのように、熱い心と冷静な頭を持って、自分の経験を生かせるようにしていってほしいと思います。

〈化石は語る〉——全校集会の話——　２０１０・11・15

夏休みに高学年の皆さんが取り組んだ理科の自由研究や理科作品は、九月になって中ホールに展示してあったので皆さんも目にしていると思います。これらの作品の中でいくつかは福井県の専門家による審査会でも審査を受け、いくつもの作品が優秀な作品として認められ、十二月十一日には福井新聞社で表彰式も行われます。学校としてもすばらしい作品が多かったということで学校賞というものをいただけることにもなりました。福井県中の三百近い小中学校の中で二つの学校だけしかもらえないような大変値打ちのある賞です。

中ホールに展示してあった作品の中に、いろいろな石を集めた標本がありました。たくさんの種類の石が集められていくつもの箱に入れられていました。皆さんは気がつきましたか。よく見ると植物の化石の入っているものがありました。今日は、このような化石についての話をしたいと思います。

化石とは、昔の生き物が土の中に埋まり、長い長い年月のうちに周りの土と一緒に石になっていたものが、私たちの目にするところに出てきたものです。化石としては生き物の身体そのものの他に、足跡とか巣穴とか、糞《ふん》といったものも化石の仲間です。

皆さんが今着ている服にはポリエステルやナイロン製品があると思いますが、これは石油あるいは石炭のような「化石燃料」とよばれているものから作られています。これらはもともとは、はるか昔の生き物たちから作られているものです。

昔の生き物を調べている人たちは、この地球に生き物が現れたのはいつ頃なのか、私たち人間の祖先がどのような姿をした生き物であったのか、などといったことを研究しているわけですが、このような化石というものを大きな手がかりにして調べています。いつかこの全校集会でも、恐竜たちがうようよしていた頃には、私たち人間の先祖は十センチぐらいの小さなネズミのような姿をしていて、恐竜たちに見つからないように、周りに気をつけながら、森の中の落ち葉の下に潜る小さな生き物たちを探して食べて生きていたような生き物で、アデロバシレウスとも呼ばれています、といった話をしたこともあります。これも、このような昔の生き物の化石を調べることによってわかってきているものです。

このような化石は校長室にもたくさん置いてあるので、「校長室に入ったときに見ました」という人もいると思います。今日は皆さんにこの中のいくつかを紹介します。

まず、これは三葉虫と呼ばれる生き物の化石で、今から五億年ぐらい前、恐竜たちのいた時代よりさらに昔、世界中の海にいた生き物です。クモやカニやムカデの仲間で、大きさは一センチぐらいから十センチぐらいになり、敵から身を守るためにダンゴムシのように丸くなっているものも発見されています。三億年ぐらい昔にはすべていなくなってしまいますが、おそらくその頃に栄え始めた魚たちのえさになって、みんな食べられてしまったのだろうと考えられています。そのような魚の化石もここにあります。ちょっと名前まではわからないのですが。見た感じはサンマのような感じもします。

次はアンモナイトという化石で、「化石の王様」とも言われていますから、知っている人も多いと思います。サザエなどのような貝のようにもみえますが、実はイカやタコの仲間です。ちょっと不思議な感じもします。もともとイカやタコは、この写真のオウムガイのような殻を持っていました。

このアンモナイトは三億年以上もの間栄えていたのですが、今から五千六百万年前には、恐竜たちと共に滅んでしまいました。

もう一つはその恐竜の化石です。恐竜といっても卵ですけれども。これだけの大きさですから、もし、この卵がかえって本物の大人の恐竜になるとどれぐらいの大きさになるのか、想像するだけでも楽しくなります。五年生が秋の遠足で出かけた勝山市の恐竜博物館にも、巨大な恐竜の化石や模型があったはずです。

二千年ほど昔のお話を読むと、当時の人たちはこの世の生き物はすべて土から作られるもので、このような化石の生き物たちは、本物の生き物たちになり損なってしまったものたちだ、と信じられていたり、エジプトのピラミッドの石の中にある化石を見つけたある学者は、これはピラミッドを作った当時の人たちが食べたものがこんな形で残っているのだ、と述べていたといいます。生き物が石になってしまうというようなことは、すぐには信じられなかったのだと思います。

化石の研究というのは、昔どんな生物がいたのか、ということを調べるだけでなく、私たち人間がどのようにしてこの世に生まれて今に至っているのかを、解き明かしてくれるものでもあります。この宇宙は百四十億年のはるか昔に起きた大爆発の中で誕生し、四十五億年ぐらい昔にはこの地球ができ、四十億年ぐらい昔には最初の生命がたった一つだけこの地球上に誕生したと考えられています。その後どのようにしていろいろな生き物が誕生し、人間のような生き物が生まれてきたのか、そのような謎に挑戦したいという人は、ぜひこのような化石を研究してみてください。

平成二十二年度　第二学期終業式の話　２０１０・12・22

今日でこの二学期もおしまいになりました。

この二学期が始まるときの始業式の中で、三人の人たちが二学期に向けてがんばろうと思っていることを発表してくれました。覚えていますか。そして、勇気を出して挑戦していくことの大切さについてもお話ししました。また、その勇気を出し合えるような、お互いの勇気を支え合えるような仲間になってほしい、というようなお話をしました。

そのような仲間・友達のことを書いた六年生の作文がありますので、紹介したいと思います。

『ぼくは友達と遊ぶのが好きです。友達から遊ぼうといって誘ってくれたときはとてもうれしかったです。でもたまにけんかをすることもありました。そのときは、ぼくも友達もその場から去って行きました。でも最後にはぼくも「ごめん」友達も「ごめん」と言って仲直りしました。そして仲直りしたときは、とても心がすっきりしました。たとえけんかしても最後には仲直りすることがとても大事だとそのときに感じました。これからは友達とけんかをしないようにしようと思います。でも、もしけんかをしてしまったら絶対に謝ろうと思います。そして、友達が困っているときは相談に乗ってあげようと思います。そしてこの気持ちをいつまでも忘れないようにしようと思います』（S君）

友達と仲良く遊ぶことだけではなく、けんかになったときにはどうすればいいか、友達が困っているときにはどうすればいいか、そのことをS君は自分の体験からしっかり学んでいると思います。

『みんながクラスの中でけんかをしたりいたずらをしたりして困らせたりすることに、私はとてもショックで、正直、学校へ行くのも怖くなり、行きたくないと思うこともありました。どうしてそんなことをしたりするのか私には全く理解ができませんでした。でも、長い間一緒に過ごしてきて、気がついたことがあります。けんかをしてもしばらくすると仲直りしたり、けんかをした相手を心配したりして、いつの間にかけんかをしたことがうそのように遊んでいます。私もけんかをすることもあります。でもけんかをした次の日に、普通にしゃべっていると、昨日までけんかをしていたことがバカみたいに思えます。友達が自分の思いを受け止めてくれたり、つらいときに励ましてくれたり、一緒にがんばったりしてくれる仲間がそばにいるんだ、私は一人ではないんだって思うととてもうれしくなり、「がんばれ！」という声援は自分の力を二倍にも三倍にもしてくれます。「元気を出して!」は悲しい気持ちを笑顔に変えてくれます。「すごいなあ!」って言ってもらえるとうれしくて、また、がんばろうって思う自分になります。私は毎日みんなに支えられて小学校生活を過ごしています』(Kさん)

『友達というと皆さんは、どんなことを考えますか。「遊んでくれる友達」のことを考えるでしょう。ぼくも以前、そう思っていました。しかし、ある友達がイメージを変えてくれました。それは五年生の頃です。四年生のとき、ちょっとしたことが原因でその友達と仲が悪くなりました。そのときぼくは、「もうあんな奴とは遊ばない」と思っていました。しかし、五年生になったとき、その友達が、「いっしょに遊ぼう」と言ってくれたのです。そのときぼくは、本当に許してくれたのかな、と不思議な気持ちでいっぱいでした。今、そのことを思うと、許してくれたことに感謝の気持ちでいっぱいになります。そして、その友達は、ぼくが落ち込んでいると「どうしたの。だいじょうぶ」などと声をかけてくれます。その声を聞くと自然と元気が出てきたり、その友達のおかげで落ち込んでいたことも忘れられたりします。時にはぼくが良くないことをすると注意をしてくれます。そういうことを繰り返すうちに友達との絆が深まったり、他の友達とも仲良くなったりします。ぼくは、時には優しく、時には厳しくしてくれる友達が大好きです』(Y君)

これらの作文は、まさに本当の友達とはどういうものなのか、ということを教えてくれているのではないでしょうか。同じような経験がある、という人もきっといるのではないかと思います。

皆さんはまだまだ大人のようにはうまくいかないこともいっぱいあり、失敗したり迷惑をかけてしまったりするようなことがあるのが当然で、これまでできなかったようなことに勇気を出して挑戦しても失敗をしてしまうようなことがあるはずです。

そのようなときに立ち直りを支えてくれる友達がいることがどんなに心強いことか、そのことを三人の作文は証明していると思います。同じような経験を持っているという人は、この中にもたくさんいるでしょう。このような友達とのつながり合い方というのは、この前の全校集会でみんなにお話しした〝いじめ〟などとは全く逆の方向へのものです。

二学期には学校でもいろいろな行事がありました。いろいろな学習活動もありました。このような中でも友達のいいところがいっぱいあったはずですし、自分もたいしたものだ、まんざらでもないな、と思えるようなことがいくつもあったと思います。みんなで一人ひとりのすばらしいところを確かめ合って、この二学期をしめくくり、一月からの三学期を、そして新しい年を迎えたいと思います。

平成二十二年度　第三学期始業式の話　２０１１・１・11

今日から三学期が始まりました。よく聞くことがある言葉ですが、「一年の計は元旦にあり」といいます。つまり、この一年間の課題を確かめたり、目標を立てるのはその年の初めの一月一日がふさわしい、ということでしょう。

きっと皆さんも多くの人たちがお正月には神社へ出かけ、自分の今年の目標が達成できるようにお祈りをしたのではないでしょうか。また、お正月は一年間のスタートの月でもありますが、それぞれの学年の締めくくりの三学期が始まるときでもあります。三学期に自分が挑戦したいこと、一年間かけて実現したいことなど、今年の目標をみんなに聞いてみたいと思います。

〈六年生のYさん。六年生のKさん。最後に、五年生のT君の発表〉

他の人たちにも聞いてみると、このようなことをがんばりたいというふうに思っていることがきっとあるだろうと思います。皆さんの中にはYさんのように通知表の成績が良くなかったので、勉強のことをがんばりたいと思っている人もいるのではないかと思います。

勉強のことについて何年か前に、学校の先生たちが協力して、たくさんの子どもたちに聞いたアンケート調査というものがありました。そのことを紹介したいと思います。それは、「どうしたら授業がよくわかり、おもしろくなると思いますか」といった質問でした。いろいろな答えがあったのですが、とびぬけて多かったのが、次の三つの答えでした。

一つ目は「先生がゆっくりわかるように教える」というもの、
二つ目は「友達と教え合うこと」
三つ目は「自分でもがんばる」というものでした。

それに対して「テストや宿題を多くする」「テストの成績によって組分けをする」などというものを選んだ人はほとんどいなかったそうです。

テストは、自分の力を試す大事なものではありますが、勉強の力をつけるのは、アンケートの結果のように「先生にしっかり教わって、友達と教え合って、自分もがんばる」ということが大事なことで、これをみんなで実行し、身につけていけばきっと一人ひとりの勉強の力も高まっていくはずです。

今年も先生たちはいろいろな工夫をしてみんなによくわかるように、楽しく学べるようにがんばっていきます。そして、皆さんは「友達と教え合うこと」と「自分でもがんばること」を目指していってほしいと思います。

先生の経験からも、二つ目の「教え合うこと」はとても大事なことだと思います。「あのときだれかに確かめることができていたら。ちゃんとわかっている人に説明をしてもらえていたら」と思うことがよくありました。よくわかっていなかったことをそのままにしておいたり、わかったふりをしたりしている、あるいは、隣の席の人がまちがっていてもそのままにしてだまってみていた、といったようなことはなかったでしょうか。

私が中学校のときに、勉強がよくわからず、授業をサボったり学校のものをよく壊したり、先生に反抗ばかりしていた同級生のM君という人に、休み時間に理科の勉強を一生懸命教えていたら、そのM君もずいぶん熱心に聞いてくれていたことをよく覚えています。勉強なんかどうでもいい、と思えるようなことをやっている人でも、ちゃんと勉強がわかりたい、力をつけたいと思っているものなのです。

終業式のときに読んだ三人の六年生の皆さんの作文にもあったように、けんかやもめごとがあっても、友達とのつながり合いが一人ひとりを立ち直らせたり、元気づけたりしていくのと同じことが、勉強についても言えます。

テストで他の人よりもいい点数をとることが幸せではなく、みんなと一緒にできるようになったりわかるようになったりして、自分もがんばれる、つまり、みんなで幸せになるために皆さんは友達と一緒に勉強をしているのです。

「先生にしっかり教わる、分からなくて困っている人がいればみんなで教え合う、自分もがんばる」ことを目指して、今年一年、先生たちも皆さんと一緒にがんばっていきたいと思います。

〈シャボン玉の歌〉―全校集会の話―　２０１１・１・24

今日は〝人の命〟のお話をします。

人間であればだれにも寿命というものがありますから、皆さんの身近な人が年をとってやがて亡くなるということはきっとあると思います。あるいは、知っている人が病気で亡くなったり、事故などで亡くなったりするような場合もあると思います。

五年ほど前になりますが、私がお隣の今庄小学校にいたとき、この南条小学校で、いつも元気いっぱいで子どもたちのためにがんばっておられたA先生という方が、今庄小学校へかわってこられたのですが、しばらくして病気で亡くなられました。私の隣の席でいつも協力しながら仕事をしていた方なので、亡くなられたときには大変ショックでした。お葬式には、この南条小の卒業生の人たちもたくさん来ていました。中には先生の写真を見て涙を流している人たちもたくさんいました。


今から五年前、今の六年生が一年生のときに、同級生の友達の一人が亡くなったことを六年生の皆さんは覚えていることと思います。六年生のNさんの、ある作文の中に、この亡くなった友達、K君のことが書いてありました。このK君がまだ生きていたとき、一年生の学級の中で、生活科の時間にみんなでアサガオのつるを使ってリース作りをしたとき、K君は、自分が持ってきたリボンをみんなに分けて配ってくれたことが書かれていました。友達みんなにいつも優しかったことを思い出しながら、そのことをNさんは作文に書いていました。

私たちはある人が亡くなったときには、亡くなった人のことを振り返り、何かを学んでいくことが大事なことだと思います。その人が、みんなのためにがんばっていたこと、目標を持って努力していたこと、あるいは、なかなかうまくいかずに悩んだり苦しんだりしていたこと、K君のように、周りの人たちに優しさや親切さを発揮してくれたこと。そのようなことを思い出しながら、自分に重ね合わせ、私たちのこれからの生き方の中にどのように生かしていけばよいかをみんなが学ぶことが大事なことだと思います。

そのようなことを私たちが深く考えることが、亡くなった人を偲《しの》ぶ、ということになるはずです。

さて、皆さんはこの歌を知っていますか。『シャボン玉』という歌です。

シャボン玉飛んだ　屋根まで飛んだ

屋根まで飛んで　こわれて消えた

とても有名な歌ですから、きっとどこかで歌ったり聞いたりしたことがあるという人もいるでしょう。また、シャボン玉を飛ばしたことがある、という人もいっぱいいるでしょう。

この歌を作った人はずいぶん昔の人ですから皆さんはあまり知らないかもしれませんが、野口雨情さんという人が作ったものです。

この人は、今から百三十年ぐらい前に茨城県というところで生まれた人で、六十三歳で亡くなるまでに子どもたちが歌うための童謡や学校の校歌、全国各地の民謡など、全部で二千曲ぐらいの歌を作った人です。

子どもたちが歌うために、『七つの子』『赤い靴』『しょうじょう寺の狸ばやし』『十五夜お月さん』『こがね虫』『青い眼の人形』などといった歌を作っています。皆さんもきっとどこかで聞いたことがあるのではないかと思います。

この『シャボン玉』の歌ですが、野口雨情さんは、自分の生まれたばかりの赤ちゃんがたった一週間ほどで病気のために死んでしまったことを、とても悲しんで、この歌を作っ

たと言われています。
私にもすっかり大きくなった三人の子どもがいるのですが、本当は四人のはずだったのです。三人目の子どもが生まれるときに双子のうちの一人が、ちゃんと生まれてくることができずに亡くなってしまいました。そのときには私もとても悲しい思いをしました。
皆さんがこの野口雨情さんのように、小さな子たちや、弱い人たちのことを深く考え、思いやれるような優しさ、K君のように自分が周りの人たちにできることを考えて実行できるような優しさというものを、強く、しっかり持つなら、きっとだれもが安心して過ごすことができるようなクラスになり、学校になっていくのではないかと思います。
「南条っ子のめあて」の二つ目に、「思いやりのある子」という言葉がありますね。みんなが安心して、仲良く生活していくためにとても大切なことだと思います。
それでは最後に、この『シャボン玉』の歌をみんなで歌いたいと思います。

シャボン玉飛んだ　屋根まで飛んだ
屋根まで飛んで　こわれて消えた
シャボン玉消えた　飛ばずに消えた
生まれてすぐに　こわれて消えた
風、風吹くな　シャボン玉飛ばそ

〈食べる物の話〉――全校集会の話――　2011・2・21

この前、一月二十五日に南条小学校で給食感謝の集いがありました。そのときの様子が当日のNHKのテレビでもニュースで放送されていました。その集会の中の、はじめの挨拶の中で私は、「感謝」の意味をお話ししたのですが、挨拶の中の話でしたから、簡単にしか話ができませんでしたので、あらためて、この食べる物への感謝ということについてお話ししたいと思います。

食べる物の中で、例えばということで皆さんの好きな牛肉の話をしました。お肉になる牛は、たいてい牡《おす》の牛ですが、普通に生きていれば十二年から十五年ぐらいで寿命を終えますが、皆さんが食べるために、多くは二年から三年ぐらいで寿命が終わりになります。牝《めす》の牛も皆さんが毎日飲んでいる牛乳を出して、最後にはお肉になります。私たちは健康で元気に毎日を生きるためにその命をいただいているということでもあります。

この牛たちを育てている人たちはどのように育てているのでしょうか。皆さんの家にも犬やネコ、ハムスターなどというようなペットを飼っている人もいますが、そのような人たちはきっとかわいがって世話をしていると思います。
そのような生き物たちにも寿命がありますから、いつかは死んでしまうこともあります。たいていい人間よりも寿命は短いです。寿命が終わるその日がくるまでは、その生き物が幸せに生きられるように大切に育てていると思います。牛や豚などの生き物を育てている人たちも同じなんですね。

去年、宮崎県というところでは、牛や豚といった動物たちに口蹄疫《こうていえき》という悪い病気が流行して、このような動物を飼っている農家は、自分たちが育てている牛や豚たちをすべて殺さなくてはならなくなったということがありました。いったいどのような様子だったのでしょうか。

宮崎県の川南町というところに住んでいるHさんという方のお話を紹介します。この方は豚をたくさん飼っていた方です。この口蹄疫というのは、牛や豚や山羊《やぎ》などがかかったら、口の中や耳や鼻や蹄《ひづめ》がぼろぼろになって、歩くことも食べることもできなくなってしまうという大変な病気で、この病気になった動物がいると、そこで飼っている動物は元気なものも含めてすべて殺して、病気が広がらないようにしなければならない、というきまりになっているのです。Hさんはこのときの様子をこのように語っていました。

「この養豚場には人間よりも大きな母親豚が数百頭、青年豚がさらに多く、子豚が数千頭。口蹄疫の出ていない豚もたくさんいる。何十人という獣医師が来たけど、かき集められた獣医師たちは母豚を怖がってまともに注射が打てんじゃが。急所は首筋の血管なのによ、柵の外から身を乗り出してお尻に打とうとする。豚だっていきちょっし（生きてるし）痛いから、ひょいとお尻を動かしてにげるわな。しょうがねーかいよ、俺が柵の中に入って豚の首をガシッと押さえつけてやる始末。危険やっちゃけど仕方ないわ。

首筋に注射を打つやり方を教えたっちゃけど、ダメじゃわ。もう豚の首は突き刺した注射の跡だらけ、痛々しいわ。豚はギャーギャー暴れるわ、ちくしょーちくしょーもっと楽に死なせてやってくれよ。獣医師の免許をもっちょるやつしか殺したらいかんかいよ。手が出せん……かわいそうでよ。もちろんベテランの奴はうまいし、早くてよ感心するんよ。

でもみんな、だれもが目に涙を浮かべながら作業してくれているし、手を合わせてくれている人もいる。命を救うための獣医師がよ。今まで命を助けるために動物に声をかけ、励まして、一生懸命働いてきた獣医師がよ。この注射を打ったらこいつが死ぬってわかりながら注射を打ちこむんよ。そりゃあ人としてつらいし心が痛いわな。歯を食いしばるしかないのよ。

家に帰ってよ。風呂に入ってよ。飯はよう喰われんかい。酒を飲みながらテレビを見てるとよ。俺……いつの間にかボロボロボロ泣いてるっちゃわ……」

本当のお話より、かなり短くしていますが、他にも、かわいい子豚たちに順繰りに注射をしていくところや、亡くなった豚たちを埋めていくところなど、そしてみんなが涙を流してお詫《わ》びをしながら作業をしていく様子も書かれていました。

牛や豚だけでなく、鶏だって、お米だって、野菜だって、果物だって同じです。私たちが毎日食べる物の安全を守るために、私たちには想像できないような苦労をして仕事をしてくださっている人たちもいるわけです。生き物たちの短い一生をできるだけ幸せに生きてほしいと願いながら、一生懸命世話をしている人たちがいるわけです。

そして、ようやく届いた食材を皆さんにおいしく食べられるように調理してくださっている皆様がいるわけです。

私たちが何気なく食べている食べ物がどのような人たちの手を経て、今、自分の前に並んでいるのか、ぜひ考えてみてほしいと思います。

普段は目には見えない多くの人たちにも感謝の気持ちを込めて「いただきます」「ごちそうさまでした」と言いたいと思います。

卒業式のはなむけの言葉　２０１１・３・17

はなむけの言葉の前に、先日の東北地方・関東地方を襲った大地震のために、大変な被害を受けた方々に対して、お見舞いを申し上げたいと思います。被害の状況を知らせるニュース映像を見る度に胸が痛む思いであります。おそらく、被災者の中には卒業を控えていた小学生や中学生たちも大勢いるはずです。一刻も早い復興を祈りたいと思います。

卒業生の皆さん、卒業おめでとうございます。

皆さんの卒業をお祝いするために、大勢のご来賓の皆様方もおいでくださっています。ご多用な中、まことにありがとうございます。

保護者の皆様方、本日はおめでとうございます。心よりお祝い申し上げます。また、この六年間、学校にご支援いただき、まことにありがとうございました。

卒業生の皆さんによって作られた卒業文集には、南条小学校で学んだことや心に残る思い出が綴られていました。また、卒業アルバムには、皆さんが入学した時からの、各学年での思い出の写真がありました。それらを一つ一つ見ていくと、皆さんが、この小学校六年間で、心も体も本当に大きく成長していることがよくわかります。

この一年間、数多くの学校行事の中で、あるいはなかよし班（たてわり班）の活動や通学班など、日常の学校生活の中でも、いつも皆さんは先頭に立って学校全体のためにがんばってきてくれました。下級生たちからも大きな信頼を得ていました。

今、ここに卒業される全ての皆さんが、責任感をしっかり持ち、学校生活の中心になって活動をしてきました。みんなのために一肌脱ぐ、というような活動の中で、仲間と力を合わせ、だれかのために　力を尽くすという、連帯の力をしっかり身につけてきました。

また、皆さんはこの六年間の学習や生活の中で、物事をより深く見つめ、考え、判断し、自分のやるべきことに全力を挙げて取り組むという、自立の力をつけてきました。


これまで、この南条の地で生を受けて以来、皆さんの安全や成長を見守り、支えてきてくださった大勢の方々との出会いがありました。毎日、肩を寄せ合って六年間を共に過ごした仲間たち、皆さんに信頼を寄せ、慕っていた下級生たち、総合的な学習の中では、特別養護老人施設「ほのぼの苑」に出かけ、激動の時代にこの南条の歴史と発展を支えてこられた方々にも出会いました。また、本当ならこの席で皆さんと共にこの南条小学校を笑顔で巣立っていくはずであったK君、短い生涯を終えてしまったK君、明るく親切でやさしかったという、K君のこともぜひ心のどこかに残していってください。

この学校で出会ったすべての人たちとの記憶は、皆さんの心と体に刻み込まれ、皆さん一人ひとりの成長をしっかり支えてくれるものになるはずです。

本日配布されたＰＴＡの通信には、皆さんの夢や決意が、一人ひとりの手書きの言葉で、記されていました。

いつか皆さんに全校集会で紹介した、あのキング牧師のように、ワシントンのリンカーン記念館の広場に集まった二十五万人の大観衆を前に「I have a dream.」（私には夢があります）と何度も、熱を込めて語りかけた演説にあったように、気高い理想と人間性にあふれる夢や希望をしっかり持ち続けてください。そして、この多くの困難が待ち受ける現代社会を、自分らしく、力強く生き抜いていってください。

映像を見る度に胸が痛くなるような、この度の巨大地震で、大きな被害を受けた岩手県をふるさとに持つ宮沢賢治は、『農民芸術概論』という本の中で「世界がぜんたい幸福にならないうちは個人の幸福はあり得ない」と述べています。

校歌の中の一節にあるように、今を生きるすべての人たちの幸せのために、闇夜をひらき、光ある世を打ち建てていくために、学び、そして、これから出会う数多くの人たちと手をつなぎ合ってください。

この学校で、皆さんと出会うことができたことを本当にうれしく思います。私たち教職員も、また、この母校、南条小学校も、皆さんのこれからの人生を、いつまでも、いつまでも見守っていきます。

以上、はなむけの言葉といたします。

平成二十二年度　修了式の話　2011・3・24

今日は三学期の終業式ですが、平成二十二年度のおしまいの日、ということで、学年を終える修了式の日でもあります。

まず、この三月十一日の日に起きた東北地方を中心にした大地震のために、地震だけでなく大きな津波のために住む家を失ったり、命をなくしたりしてしまった人たち、行方がわからない人たちがたくさんいることは皆さんもよく知っていることだと思います。

三月十六日の朝日新聞には、大津波に流されたけれども何とか助かったというI君のことが出ていました。I君は九歳、石巻市の小学校三年生です。たくさんの人が避難している、ある中学校の体育館の中を歩き回って、家族の名前を書いた大きな紙を両手で持って、自分の家族を捜している様子が新聞に載っていました。

I君は、津波が来たときに家族と一緒に自動車で逃げる途中、車ごと波にのみ込まれてしまったということです。新聞にはそのときの様子が次のように書かれていました。

『何かわからないがいろんなものが車に当たり、窓にひびが入った。両手にケガをしながらもI君は必死に窓を割って壊し、隣に座っていた中学一年のいとこのY君と手をつないで窓の外へ脱出した。しかし、「木かなんかが流れてきて手を離しちゃった」「Ｉくん！Ｉくん！」とさけぶＹ君の声もだんだん遠ざかっていった。その後のことは気を失ってよく覚えていない。三十分ほどして気がついたら服の一部が竹の枝に引っかかって板の上に倒れていた。近くを通りかかった男の人に助けられてずぶ濡れの服も着替えさせてもらった。このようなわけで、Ｉ君は、はぐれてしまった家族を捜して、避難をしている人たちが集まっている場所を毎日、何カ所も回っているのです』というような記事です。

二日ほど前のテレビを見ていたら、学校も大きな被害を受けていました。ある学校では、津波の後に起きた火事のために、教室など、学校全体が燃えてしまったというところもあるそうです。卒業式もきちんとできない学校がいくつもあるのだそうです。

災害を伝えるニュースにはたいてい大人たちが登場してきますが、私たちと同じような子どもたちも、学校も、大変な目にあっているということを忘れないようにしてほしいと思います。

もう一つ忘れてはならないことは、大変な災害にあわれた人たちを助けようとしている人たちがたくさんいることです。それは、日本だけでなく世界中のあちこちから、災害にあわれた人たちを心配する声や励ましの声が寄せられています。募金運動などを通して、何とか立ち直りを支援したいという人たちが呼びかけ合って、いろいろな運動をしている

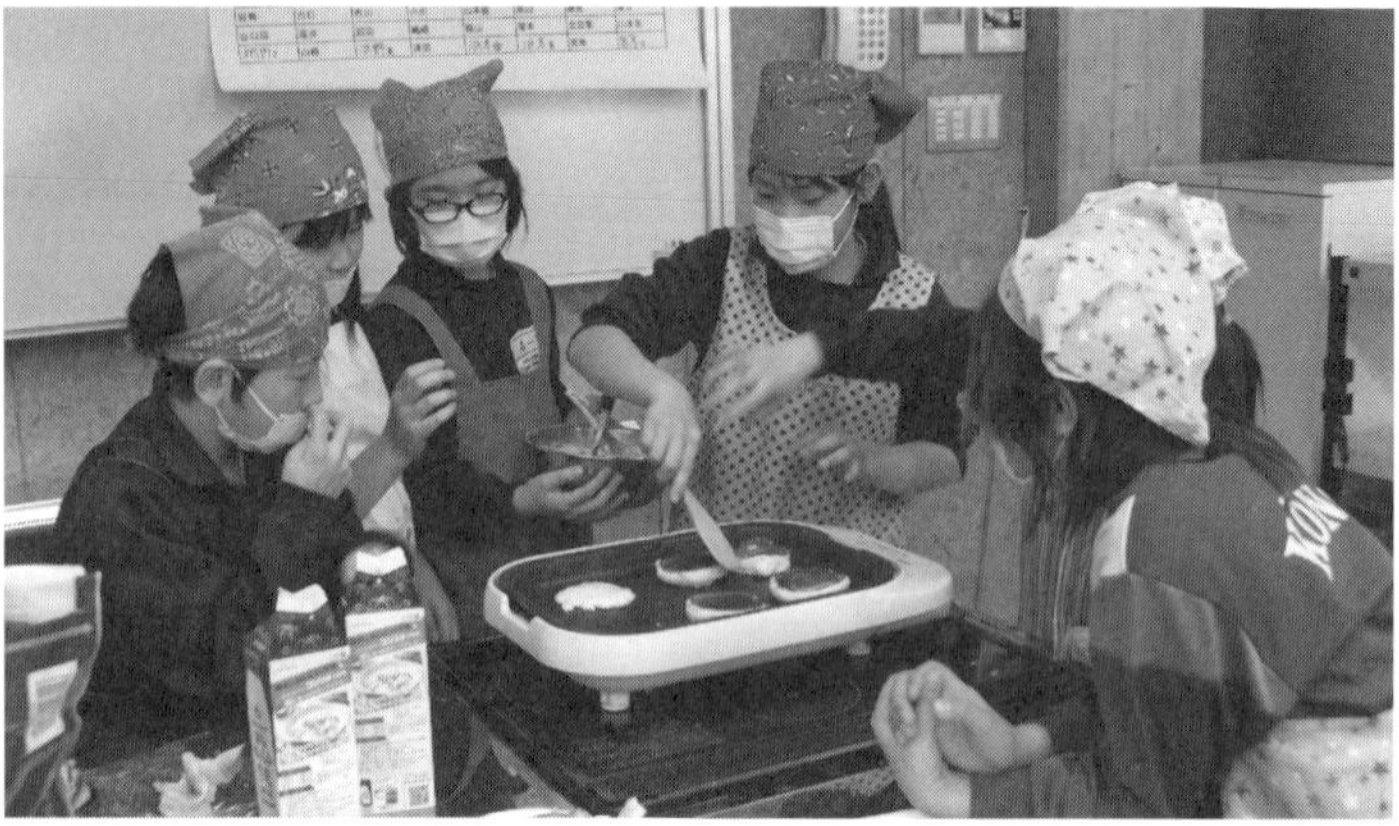

ということです。南条小学校の先生たちやＰＴＡも募金に取り組んで、たくさんのお金が集まったので、それらをすべて日本赤十字社を通して被災地へ送っています。

このような小さな力が、みんなが助け合って生きていけるような大きな力になっていくのだと思います。それにしても、助け合う力というのは、どこで作られていくのでしょうか。

先生は、これまで皆さんには、いろんなことに思い切って挑戦すると、うまくいかないことや失敗することがあるのは当然のことだ、ということや、その立ち直りをしっかり支えていけるのは周りの人たちだ、という話をしたこともありました。

助け合う力というのは、大人になってからぽっかりと生まれてくるというものではありません。皆さんの学級でも大変な目にあっている人や何かで困っている人、悲しいことがあったりという人たちはいっぱいいるはずです。そのような時に声をかけてあげたり、励ましてあげたりできる人たちがいれば、きっと立ち直っていけるはずです。「友達って本当に大切だ」「ありがとう」と思ったこと、というのは、皆さんにもきっとあったはずです。このような身近なところから助け合う力というものが育ってくるのだと思います。

この一年間、だれかに助けてもらったことや、だれか困っている人を助けたりしたことを、あるいはできなかったときのことを振り返りながら、新しい学年を迎えてほしいと思います。

平成二十三年度　第一学期始業式の話　2011・4・7

平成二十三年度が始まりました。

昨日、入学式があり、新しい一年生が入ってきて、新しい先生たちも入ってきて、南条小学校の全員がそろいました。今年もみんなが元気で、遊んだり、勉強したりできるような、明るく楽しい学校にしていきたいと思います。入学式で、児童代表のKさんが一年生に対してお話ししたとおりです。

皆さんがいろんな時に歌っている校歌の中にはこんな言葉があります。三番の歌詞の中の「学びの道にいそしみ、光ある世をわれら建てむ」という言葉は大変すばらしい言葉で、先生もこのような立派な言葉が入っている校歌というものに、これまでお目にかかったことがありません。

「みんなが学校で学ぶというのは、このようなことを目指しているのですよ」ということを示している言葉ですが、〝光ある世をわれら建てむ〟というような言い方は普通、使わないような言葉です。わかりやすく言い直せば、「世界中のすべての人たちの幸せを実現するために学びます」というような意味でしょう。

現在、東北地方では、地震や津波などで大変な目にあっている人たちがいます。その中の岩手県というところで生まれ育った宮沢賢治という人は、『雨ニモ負ケズ』というような有名な詩を作った人ですが、その宮沢賢治はある本の中で「世界がぜんたい幸福にならないうちは個人の幸福はありえない」と述べています。このことは別の機会に紹介したことがあります。実際、宮沢賢治の作った『銀河鉄道の夜』『グスコーブドリの伝記』などのお話を読むと、そのような考え方がよくわかります。

これからこの校歌を歌うとき、〝光ある世をわれら建てむ〟という言葉の意味をよく考えながら、この校歌を歌ってほしいと思います。

だれにどんなことをしてもらったときに自分は幸せを感じたのか、そして、自分はどのようにすれば困っている人や悩んでいる人、苦しんでいる人たちの手助けができるのか、今年はこのようなことを考えていってほしいと思います。

そして、みんなで力を合わせて、明るく元気で、安心して学校へ通えるような学校にしていきたいと思います。そのために先生たちも全力でがんばりたいと思っています。

〈ユニセフ募金から世界を見る〉——全校集会の話——　２０１１・６・20

前回の集会では、挨拶の話をしました。南条っ子委員会の皆さんが今も毎日、児童玄関から中ホールに入るところで、挨拶運動をしていますが、この前、募金箱を持ってユニセフの募金運動をしていました。皆さんからもたくさんの募金が集まりました。このユニセフの募金ですが、この学校では皆さんからどれだけの募金があったのでしょうか。そして、集まったお金はいったいどこへ行くのでしょうか。また、どのように使われているのでしょうか。

まず、皆さんから集まった募金を調べてみたら、全部で一万百九十二円になりました。このお金は、日本ユニセフ協会というところを通して、ユニセフという世界的な機関に送られます。本部は、アメリカのニューヨークというところにあります。ユニセフというのは、「国際連合児童基金」というふうにも呼ばれています。世界中の子どもたちの幸せのために活動するための、国際連合（国連）の中の機関の一つです。

特に、衛生状態が悪くて子どもたちが病気になりやすい国々や、災害や戦争などのために大変な目にあっている子どもたちがいる国、貧しくて食べるものも十分にないような国に住んでいる子どもたちのために、命や健康、安全といったものを守るためにいろいろな活動をしています。

今年の三月に起きた東日本大地震の被害を受けた地区にも、ペットボトルの水や子ども用の下着、赤ちゃん用のおむつ、病気予防のためのワクチンなどの医療品を送って、支援活動を行っています。

ユニセフでは「静かな緊急事態」とも呼んでいる深刻な問題が世界の中にはあります。私たちはなかなか目にしたりすることがありませんが、中部アフリカや南アジアの国々の中には、生まれてから五歳までに死んでしまう子どもの数がとても多い国があります。日本では生まれてくる赤ちゃんが百人いるとしたら、五歳までに亡くなってしまう子どもは〇・四人ほどですが、アフガニスタンやアンゴラという国では二十六人ぐらい、シエラレオネという国では二十八人ぐらいが亡くなっています。だいたい世界中でも平均して六人ぐらいが亡くなっているという計算になります。実際の人数でいえば、一年間に八百十万人が亡くなっています。これは一日に二万二千人が、四秒に一人が亡くなっていることになるのですが、問題はその原因です。

原因というのがだいたい決まっていて、風邪をこじらせた肺炎、下痢による脱水症状、はしか、マラリア、などといった病気で、日本では死ぬことはほとんど考えられないような病気です。

あらためて皆さんが募金をしてくれた一万百九十二円のお金でできることを確かめてみたいと思います。まず、経口補水塩。これは食塩や糖分の入ったもので、一リットルのきれいな水で溶かして飲むものです。これは一袋六円ほどです。募金されたお金を全部これに使えば、単純計算で、10，192円÷6円／袋＝1，698・6666……ですから、分かりやすく例えればおよそ千七百人の命を一日延ばすことができます。

六種ワクチン。これは、結核、はしか、百日咳、ポリオ、破傷風、ジフテリアといった病気をまとめて予防するものです。これらの病気で亡くなる子どもたちは一年間で百七十万人になるそうです。このワクチンは一人分四百八十円ぐらいだそうです。

10，192円÷480円／本＝21・2333……本ですから、二十一人に予防接種をして、このような病気にかかることを防ぐことができます。

私も個人的にですが、毎年一万円をユニセフに寄附しています。

水は人間が生きていく上でどうしても必要なものです。もしかしたら皆さんは、世界中どこへ行っても日本と同じように、水道の蛇口をひねればきれいで安全な水が飲めるのだと思っているかもしれませんが、このような国はごく少数です。それどころか、世界中の約六十六億人の人間のうち約九億人の人たちは、川や池の汚れた水を使うために下痢など

郵便はがき

料金受取人払郵便

新宿局承認

4946

差出有効期間
平成31年 7 月
31日まで

（切手不要）

160-8791

843

東京都新宿区新宿1－10－1

（株）文芸社

愛読者カード係 行

お名前《ふりがな》		明治 大正 昭和 平成 年生 歳	
ご住所《ふりがな》	□□□-□□□□	性別 男・女	
お電話番号	（書籍ご注文の際に必要です）	ご職業	
E-mail			
ご購読雑誌（複数可）		ご購読新聞 新聞	

最近読んでおもしろかった本や今後、とりあげてほしいテーマをお教えください。

ご自分の研究成果や経験、お考え等を出版してみたいというお気持ちはありますか。

ある　ない　内容・テーマ（　）

現在完成した作品をお持ちですか。

ある　ない　ジャンル・原稿量（　）

書　名					
お買上 書　店	都道 府県	市区 郡	書店名		書店
			ご購入日	年　月	日

本書をどこでお知りになりましたか?

1.書店店頭　2.知人にすすめられて　3.インターネット（サイト名　　　　）

4.DMハガキ　5.広告、記事を見て（新聞、雑誌名　　　　）

上の質問に関連して、ご購入の決め手となったのは?

1.タイトル　2.著者　3.内容　4.カバーデザイン　5.帯

その他ご自由にお書きください。

（　　　　）

本書についてのご意見、ご感想をお聞かせください。

①内容について

②カバー、タイトル、帯について

弊社Webサイトからもご意見、ご感想をお寄せいただけます。

ご協力ありがとうございました。

※お寄せいただいたご意見、ご感想は新聞広告等で匿名にて使わせていただくことがあります。

※お客様の個人情報は、小社からの連絡のみに使用します。社外に提供することは一切ありません。

■書籍のご注文は、お近くの書店または、ブックサービス（0120-29-9625）、セブンネットショッピング（http://7net.omni7.jp/）にお申し込み下さい。

の病気にかかりやすくなっているのだそうです。

また、皆さんのような年齢になればだれもが小学校へ行っていると思っているかもしれませんが、世界全体では約一億一千万人の子どもが小学校へ行っていないそうで、そのような子どもたちの夢は、だれもが「学校へ行って勉強をしたい」ということだそうです。学校はたくさんの友達と一緒に生活し、生きていくための大切なことを学ぶところです。そのことをよくわかっているんですね。

ユニセフでは、すべての子どもたちが安全で健康な生活を送れるようにする取り組みと共に、すべての子どもたちが学校へ行けるように、教科書や鉛筆などの学用品を提供したり、学校をつくるための手助けをしたりしています。

このユニセフのシンボルマークは平和の印であるオリーブの葉に囲まれた地球の上で、子どもが高く抱き上げられた図です。世界中すべての子どもたちが心も体も健やかに育ってほしいという願いが込められています。

平成二十三年度　第一学期終業式の話　２０１１・７・20

平成二十三年度の一学期が今日で最後になります。

この一学期が始まるときの始業式では、南条小学校の校歌の中の言葉には、みんながこの学校で学ぶのは、このようなことを目指しているのです、といったことが示されています、という話をしました。

特に三番の歌詞の中の「学びの道にいそしみ、光ある世をわれら建てむ」という言葉ですが、わかりやすく言い直せば、世界中のすべての人たちの幸せを実現するために学びます。というような意味なのです、といった説明もしました。

さらに、自分はこれまで、だれにどんなことをしてもらったときに幸せを感じたのか、そして、自分はどのようにすれば困っている人や悩んでいる人、苦しんでいる人に手助けできるのか、幸せを届けることができるのか。今年はこのようなことを考えていってほしいといったお話もいたしました。

昨日、皆さんのお父さんやお母さんが、担任の先生から受け取って家へ持ち帰った通知表には、中に何が書いてあったか、皆さんも見て確かめたりしたと思います。先生も一年生から六年生まで、すべての皆さんの通知表に書かれていることを読ませてもらっています。

するとその中のある人の通知表には、

「困っている友達に、優しく声をかけたり、相談に乗って励ましたり、とても思いやりのある行動が見られました」

「当番のときには、きれいになるまで丁寧に黒板を消したり、進んで掃除をしたり、みんなのために教室をきれいにしてくれました」

「A君の得意な算数のときには、友達にわかりやすく教えていました」

「給食の準備や後片付けなどの当番活動では、責任感を持って一生懸命に取り組んでくれました」

「体育大会のときには応援団長として、だれよりも大きな声を出し、みんなに指示をしたり、応援をしたりすることができました」

このようなことがたくさんの人たちに書かれていました。読んでいて、とてもうれしくなりました。

だれかのために、みんなのために、自分ができることを考えて実行する、このようなことに取り組んでくれた人たちがたくさんいたことは、学級にとっても学校にとってもすば

らしいことだと思いました。

二つ目の話はなでしこジャパンの澤穂希《さわほまれ》選手の話です。この前、ドイツという国で行われたサッカーの女子ワールドカップでは日本の女子チーム、なでしこジャパンが優勝したことは、皆さんもよく知っているでしょう。このなでしこジャパンのキャプテンの澤穂希選手は、六歳の頃からサッカーを始めて、ずっとサッカーを続け、日本の代表選手になって十八年間もの間活躍を続けています。「その間、うれしいことや楽しいことばかりではなかった。悔しいことや悲しいことも山ほどあった」ということが、澤選手自身が書いた本の中に書かれています。

それを読むと、自分は小さい頃からサッカーをやってきたけれど、小学生の頃には女の子とは遊ばず、男の子と一緒にいつも遊んでいたので、他の学校の男の子から「女のくせになまいき」と言われたり、同級生の女の子たちからは、いつも男の子と仲良く遊んでいる澤選手のことを良くは思わず、そのような子たちに靴を隠されたり、ノートに落書きをされたりして、悔しいことや悲しい思いをしたこともいっぱいあったのだそうです。でも、

「そのようなことも自分でプラスに考えていけるように努力すれば、そのようなこともあって良かったと思えます。いろいろな経験があって今の自分がいるのだから」と述べています。楽しいことやうれしいことは、その逆のことも体験することによっていっそうその気持ちを強く持てる、ということがあります。また、

「悔しさや悲しさを乗り越えていくときには、家族やチームメイト、友人たちの支えがあった、みんなに心からありがとうと言いたい」とも述べています。

澤選手はさらに、「夢は見るものではなく、叶えるものだ」というふうにも述べています。皆さんが七夕の短冊に書いた夢をさらに大きくふくらませてください。

明日からの夏休み、自分がぜひやりたいと思っていたことに挑戦してください。

また、二学期には元気で登校してきてください。

〈ヘビの話〉――全校登校日の話――　２０１１・８・19

今年はずいぶん暑い日が何日も続いて、大変な時期もありましたが、夜になると虫の鳴き声も聞こえてきて、夏も終わりに近づいているような感じもします。夏休みがあと十二日ほどになりました。そろそろたまっていた宿題のことが心配になっている人がいるかもしれません。高学年の人の中には自由研究のことも気になっている人もいるかもしれません。

私は今月、八月六日の土曜日に、お隣の池田町のＰＴＡの行事に招かれて、池田町内の冠山というところへ登って、山の自然についての説明や案内をさせてもらったことがありました。冠山というのは、福井県と岐阜県の県境にある山で、高さが千メートルを超える高い山ですから、町の中が三〇度を超えるような暑さであっても、気温はせいぜい二五度ぐらいです。それほど暑くはならず、すずしい風もあって山にも登りやすいのです。

この冠山は、いろいろな種類の鳥たちがいて、六月頃に登るといろんな鳥の鳴き声が聞こえてすばらしいところなのです。このときには、幼稚園の子どもから七十歳ぐらいのお年寄りの方まで、三十人ぐらいが参加していました。今日は、ある生き物の話です。

この時は、高い山の崖に巣を作るアマツバメという鳥のことや、ツルアジサイとシーボルトという人の話、赤い実をつけるナナカマド、オオカメノキといった木のことについて実物を見ながらお話をしましたが、帰り道でとてもすばらしい生き物を見つけました。それはマムシです。ちょうどマムシが登山道のそばにいたので、皆さんに説明をしました。実際に見るのは初めて、という人が多かったのです。

マムシというヘビは名前はよく知られているわりに、実物をはっきり見たことがないという人が多いのではないかと思います。ヘビを見てもどれがマムシかわからない、という人も多いと思います。ヘビはもともと見た目にあまり気持ちがいいものではない上に、マムシのように毒を持っていたりするものもいて、警戒をされているのですが、実は小さいうちはとてもかわいらしいのです。

私も小学校の四年生の頃に、学校へ来る途中に見つけたかわいらしいヘビの赤ちゃんを、小さな筒にいれて学校へ持ってきたことがありました。学校の教室で、机の上でみんなに見せていたら、担任の若い女の先生が悲鳴をあげて逃げて行ってしまったことがありました。

ヘビは嫌われ者のようですが、マムシは私が小さい頃には皮をむいて、焼いて食べたりしたことがよくありました。私のおばあさんは、マムシ捕りの名人で、「マムシの心臓を食べると体が丈夫になる」というので、捕れたてのマムシの体からピクピクしている心臓を取り出して食べさせてもらったこともありました。また、私自身も友達と一緒にアケビとりに行った今庄の山でマムシを見つけ、それを捕って持って帰ったこともあります。

ヘビの皮は財布に入れておくとお金が貯まる、というふうにも言われています。本当でしょうか。二年生が一学期に生活科の町探険で出かけたときにヘビの皮を見つけて持ち帰ったら、家の人に捨てられてしまった、という人もいました。ヘビが脱皮した後の皮は田んぼの畦《あぜ》や野原によく残されています。ここにも、ある四年生の人が持ってきてくれた皮がありますが、しっかり観察もできるのでなかなかすばらしいものです。よく見るとヘビが抜け出したところや、どこがお尻でどこからしっぽか、といったことまでよくわかります。いつも校長室に置いてあるので、もし観察をしたいという人がいたら来てください。

私が香港に住んでいたときには、実はヘビのスープがとても気に入っていました。冬の頃になると、ヘビの鍋料理の店があって、香港の先生たちとよく食べに行きました。使われているのはたいてい毒蛇です。

また、ヘビ屋さんがあちこちにあって、お店の前には何十匹も入ったような大きな籠《かご》が置いてあり、初めて見る人はたいていびっくりします。このようなヘビ屋さんではお店の中で温かいスープを出してくれます。コップ一杯三百円ぐらいでした。生臭いことはなく、大変香ばしい香りでした。このようなヘビのお店で、ヘビの皮をはいでいるおじさんの様子が写っているアルバムの写真も校長室に置いてあります。店では生きたまま売っている

ので、時々逃げ出したヘビが街中の水路の中を泳いでいたりすることもあります。

この嫌われ者のヘビは日本でもあるところへ行くと、昔から神様として祭られていたりするところもありますし、白いヘビは神様のお使いとして大事にされたりします。昔の家にはよくネズミがたくさん住み着いていたので、そのネズミを食べに来てくれるヘビは案外大事にされていたりもしたのです。私の家の中にもよく入ってきていました。押し入れの戸を開けると上からヘビがどさっと落ちてきたこともありました。

ヘビの大好物であるカエルも普通は、日本では食べたりするものではないように思われていますが、中国ではよく食べられています。カエルは中国語で「田鶏」と書いて田んぼの鶏というぐらいで、小型の鶏のもも肉のような感じでとてもおいしいです。おかゆに入っていたりフライになったり、いろいろな料理に使われています。給食の時間に、ある学年の人たちに話したらびっくりしていましたが。

中国の市場へ行くと大勢の奥さんたちが、店の大きな袋やバケツに入ったたくさんの、生きたカエルの中からおいしそうなものを選んで、買っていきます。

自然の中にいるいろいろな生き物と人間とのつきあいは、調べてみると、想像もしなかったようないろんなことが発見できますから、ぜひ皆さんも関心を持ってほしいと思います。

今日はまだまだ暑いので、ちょっと涼しくなるようなお話をしました。どうでしたか。

〈シャープペンシルを考える〉――全校集会の話――　２０１１・９・26

皆さんが学校で勉強するときにも家で宿題をするときにも、「昨日、日野川で花火を見ました」というような日記や作文を書くときにも欠かせないのがこの鉛筆です。

今日は、この鉛筆についての話です。私たちはいつもこの鉛筆のお世話になっているのですが、高学年の五・六年生あたりからは、「先生、シャーペンを使っちゃだめなんですか」「シャーペンを使いたいです」「中学生はみんなシャーペンを使っているので小学生もシャーペンを使わせてほしいです」という人たちもいます。皆さんはどのように思いますか。南条小学校の「南条っ子の生活のきまり」を読んでも、シャーペンがだめ、とは書いてありません。

このシャーペン、つまりシャープペンシルのことですが、確かに便利なところがあります。芯《しん》を引っ込めておくことができますから、どこかへ見学に出かけたときなど、鉛筆よりも持っていきやすいでしょうし、小さいながらも消しゴムがついていたりもします。たくさんの字を書くようなときには、シャープペンシルの場合には次々に芯が出せますから、都合がいいかもしれません。先が丸くなった鉛筆を休み時間に削っておかなくてもいいですね。

この前、六年生の教室へ行ったら、机の中に立派な鉛筆削りが入れてあり、授業中にぐるぐると回して鉛筆を削っている人がいました。このような面倒が省けます。

実際、私の机の引き出しの中を調べてみると、シャープペンシルが二本ほど入っていま す。でも、これは私が学校にいるときには、ほとんど使うことがありません。三本ほど入っている鉛筆を使うことがほとんどです。シャープペンシルか鉛筆のどちらかを使う必要があるときには、ほとんどの場合、鉛筆を使います。

私はシャープペンシルを使うとよく芯が折れてしまいます。皆さんはどうでしょうか。それだけでなく、折れた芯がどこかへとんで行ってわからなくなってしまいます。近くに置いてあるパソコンのキーボードの隙間に入ったのではないかと心配になったりします。

一方、鉛筆の芯は周りが木で囲むように覆ってあり、弾力があって芯が折れにくくなっています。シャープペンシルにも芯の周りを支えるような細い管があるのですが、鉄などの金属でできているため、とても堅いのです。そのため鉛筆よりもはるかに芯が折れやすくなっています。また、折れにくくするために芯自体がとても固く作られたりしていて、予備の芯の値段も結構します。

書いた文字がまちがっていたりするときには、消しゴムで消しますが、硬い芯で書いた字はなかなか消しにくいです。

そもそも、シャープペンシルで文字を書くときには、芯が折れないようにするために鉛筆よりも角度を大きくして、ペンをかなり立てて書かなくてはなりません。力を入れすぎないように気を遣いながら書くので、どうしても薄い字になってしまいます。

皆さんはまだ、ひらがなカタカナ、漢字や英語など、いろいろな字を練習して覚えなくてはならない時期ですから、力を入れてしっかり書くことができるものを使った方がいい、ということになります。

硬筆の習字の作品は、文字の止めやはね、はらい、といった書き方が試されるわけですが、とてもシャープペンシルでは硬筆の作品を仕上げるのは難しいでしょう。

先週、校長室に二人の四年生が来たので、校長室を臨時に〝研究室〟にして、試しに鉛筆とシャープペンシルの両方で自分の名前を書いてもらいました。二人のうち一人は鉛筆の方がいいです、と言っていましたが、もう一人はシャープペンシルの方がいい、という話をしていました。

私のこれまでの〝自由研究〟によれば、いろんな字をしっかり練習して覚えていかなければならない小学生の頃にはシャープペンシルよりも鉛筆の方が良い、という結論です。はたして本当にそうか、という人たちは鉛筆とシャープペンシルをいろいろな方法で使って、試してみてください。どのようなところが違うかわかると思います。

校長室にはいつか皆さんに紹介したヘビの脱皮した皮やいろんな化石が置いてあり、見学に来る人たちもいます。静電気や積み木のパズル、理科や工作などのいろいろな〝研究室〟にもなっています。もし、こんな研究をしました、あるいはしたいですという人は、ぜひ、私にも声をかけてみてください。

今年も理科の自由研究ではすばらしい作品がたくさんありました。一・二年生の町の探険でもいろんな発見がありました。身の回りの出来事をよく見てみるといろんな不思議や疑問が見えてくると思います。どうしてだろう、本当にそうだろうか、というような目でそれらを見つめてみましょう。

〈ロウソクの科学〉――全校集会の話――　２０１１・11・21

皆さんはこのマイケル・ファラデーという人を知っていますか。もし、知っている人がいたらとても理科が好きな人でしょう。今から二百年ほど昔に、主に電気と磁石の関係を研究したイギリスの有名な科学者です。

この人は、一七九一年にイギリスに生まれた人ですが、主にかぎを作るかじやさんの家に生まれ、兄弟は十人もいたそうです。家が大変貧しくて、小学校を卒業するとすぐに本を作る工場に働きに行きます。そこで作られていた本を読むうちに、特に化学や電気の本に大変興味を持ってよく読んでいたそうです。やがて仕事の合間に科学の勉強をして、いろいろな研究会に参加したり、国立の研究所へ入ったりしながら、当時の進んだ科学の勉強をして、大変すばらしい研究をするようになっていったのだそうです。

ファラデーさんがこのような研究をしていた当時、ヨーロッパではトルコ（当時はオスマン帝国）とロシアという国が戦争を起こしていました。クリミア戦争といいますが、その戦争が起きると、トルコと仲がよかったイギリスはトルコを応援して戦争に参加をします。そこでイギリス政府はこのマイケル・ファラデーに新しい兵器を作るのに科学者として協力をしてほしいという要望をするのですが、このファラデーは「絶対に手を貸さない！」といってきっぱりと断ったことでも有名です。
さて、このファラデーさんはクリスマスが近づくと、たくさんの子どもたちを集めて科学のお話をしました。『クリスマス・レクチャー』というふうに呼ばれていたものです。それはこのような本『ロウソクの科学』（岩波文庫）というものにまとめられています。今日はその中のいくつかを紹介します。

私が手にしているロウソクは、理科室からお借りしてきたものですが、これはもともと何から作られているか知っていますか。今のロウソクはたいてい石油から作られています。昔の日本のロウソクは、ウルシという木やハゼノキという木の実から作られていたり、クジラの油から作られていたりしました。そして、夜出かけるときの提灯《ちょうちん》の中に入れて、今の懐中電灯の代わりになっていたりしました。

このロウソクは、今では家の中で使われることが少なくなっていますが、きっとどこかに置いてあるのではないかと思います。先生はよく山登りに出かけて、山の中でテントを張り、その中で泊まることがあるのですが、そのときになくてはならないのがこのロウソクです。真っ暗な中でこのロウソクの光があるだけで安心して過ごせますし、冬の雪の中のテントの中では、このロウソクがあるだけでテントの中が温かくなってきます。

このロウソクに火をつけてみます。

このロウソクの火はなぜこのように燃え続けることができるのでしょうか。

よく見るとロウが溶けて水のような液になります。そのロウの液はロウの上の方にできるお皿の形をしたところにたまり、糸の芯を伝って上の方へあがってきます。ここでロウが燃えています。

よく見てみるといくつかの不思議なことが見えてきます。

さて、一つ目の不思議です。なぜロウソクの上の方にロウの液体をためておくお皿ができるのでしょうか。

二つ目の不思議です。糸の芯がないと燃えないものなのでしょうか。糸の芯は燃え尽きてしまわないのでしょうか。

三つ目の不思議です。実はロウの液体が燃えているのではありません。ロウの気体が燃えているのですが、どうしてそのことがわかるのでしょうか。

では、今からこれらの不思議に、マイケル・ファラデーさんのように実験をしながら答えてみたいと思います。もちろん皆さんも考えてみてほしいと思います。

（ロウソクの燃え方）

問　ロウが溶けて上の皿にたまっているわけは？
答　火に近いところからロウが溶けていく。ロウソクの断面が丸いから芯の近くにたまりやすい。常に周りの空気の動きがあるから、丸いお皿の周りに壁ができる。
問　芯が燃え続けているのは？
答　この芯の中を、常に溶けたロウが上に上がってくる。毛管現象とも呼ばれている。
水にタオルを入れると水面より高いところまで水が上がってきます。これが毛管現象。常にロウの液が芯の中にあるので、芯はすぐには燃え尽きない。この芯はロウソクに欠かせないもの。

（ロウの気体・蒸気の燃え方実験）
消したあとの白い煙にすぐに火をつけるとすぐに火がつく。白い煙はロウの蒸気。
ガラス管で炎の中の蒸気を取り出して燃やすこともできる。

ロウソクは、燃え続けることができるように実にうまくできています。
さて、皆さんはロウソクや油が燃えるときに火の中から水が出てくるのを知っていますか。冷たい水を鍋に入れてロウソクの炎の上にかざすと、鍋の底の方に水滴がついてきます。この水滴は火の中から出てきた水が冷やされてついたものです。火事になったときには水をかけるのですが、物が燃えているときにはその中に含まれていた水が出てきます。コップ一杯の油を燃やすとだいたいコップ一杯よりも少し多めの水が出てくるのだそうです。

また、このロウソクの周りにある空気の中の何かがこのロウが燃えるのを手伝っているのですが、皆さんは知っていますか。

この空気の中には、ものが燃えるのを手伝っている酸素というものがありますが、これは空気中に二〇%ほどです。そのほか、八〇%は窒素というものです。これは燃えませんし燃えるのを手伝ったりはしていません。でもこの窒素がとても大事な役割を果たしています。もし、この窒素がもっと少なかったらどうなるのでしょうか。酸素が二〇%でなく五〇%や八〇%だったらどうなるのでしょうか。世界中あちこちで火事だらけになってしまうはずです。逆に二〇%よりももっと少なかったら、逆になかなか燃えなくなって寒い世界になってしまいます。燃えるのにちょうどよい割合になっているというわけです。

皆さんも、身の回りのいろいろなもの、出来事に疑問を持ったり、自然や科学に興味を持ってみんなが理科を好きになり、より深く調べていけるようになってほしいと思います。

先生たちもぜひ、応援したいと思います。

〈勉強は『好奇心』と『体験』をもとに〉
―全校集会の話―　２０１１・12・12

皆さんはこのところ、テストを受ける時間がたくさんあったと思います。教室を回ってみるとちょうどテスト中という学級もよく見かけました。また、もうすぐ保護者会があり、皆さんの成績が書かれた通知表をお家の人にお渡しすることになっています。

今日はこのテストのことや皆さんの成績、そして勉強というものについてお話をします。

皆さんの中で、何かのテストで、１００点満点を取ったことがある人はどのぐらいいるでしょうか。ずいぶんいますね。今度は逆に何かのテストで0点を取ったことがある人はいますか。こちらはあまりいませんね。

実は、ここだけの話ですが、私は小学校の時に0点をとったことが二回あります。一つは漢字のテストで、あまり練習していなかったので、ちょっとずつ違うところがあり、十問ほどの問題すべて×になってしまいました。もう一つは割り算の計算問題でした。割り算の計算問題をかけ算と勘違いして、五十問すべてかけ算の答えを書いてしまい、0点になってしまいました。0点をとったことがない、という人はたいしたものだと思います。

逆に、テストの時間がなくなったので、残ったいくつかの問題の答えを当てずっぽうで適当に書いておいたのが偶然合っていて全部○になっていたこともありました。実は、私はテストの点数も通知表もあまりかんばしくはなかったのです。

あらためて勉強というものを私の経験をもとに振り返ってみると、二つのことが大事だと考えています。

一つ目は、勉強というのは『好奇心』がわかないと身が入らないものだということです。好奇心というのは、「不思議だなあ」「どうしてかな」「なぜなんだろうか」「これはすごいなあ」「これはおもしろそうだ」といった気持ちですが、このような気持ちを強く持てると、それを解き明かそう、実現のために努力しよう、もっとやってみよう、というようにがんばれるものだと思います。

ロウソクがどうして燃え続けることができるのか、ライオンはどのようにして水を飲むのか、ゼリーがどうして固まらないのか、「月食」などというものがどうして起きるのか、走るのが速くなるためにはどうしたらいいのか、サッカーやバレーボールがうまくなるためにはどうしたらよいか、このイタドリの茎で作ったブーブー笛はどうして鳴るのか、東日本大震災はどのようにして起きたのか。そこの学校は今どうなっているんだろうか。この漢字はどのようにしてできたのだろうか、などなど、身の回りにあるものや起きている出来事に興味や関心を持ち、深く考える力というのは、漢字や計算を繰り返して練習していくだけでは身についていかないものです。勉強のおおもとになっているのがこのような好奇心というものです。

このようなことに疑問を持ったり、深く考えたりしていける力をつけていくことが、本当は最も大事なことではないかと思っています。

大事なことの二つ目は、今、勉強していることが自分の生活や体験したこととどのようにつながっているのか、をよく確かめながら学んでいくことです。

文字や言葉を通して私たちは勉強することが多いのですが、その言葉の意味がわからないと好奇心もわいてこないでしょう。小学校で学んでいることは必ず皆さんの生活のどこかとつながっています。

例えば「母」「お母さん」という言葉は、きっと皆さんは自分のお母さんを思い浮かべながら自分の中にイメージがつくられていきます。自分とお母さんとのこれまでのいろいろな体験をもとにお母さんという言葉の意味を自分の中につくり出していくものです。体験というのは「体（からだ）の験（しるし）」と書きますが、この験（しるし）というのは、記憶するという意味です。というよりも体の中に記憶されているものが体験なのです。

先生が受け持っていた、あるクラスでコスモスの花が風に揺れている様子を説明するのに、どうもよくわからない子たちがいるので、学校の近くのコスモス畑に連れて行ったら

「あっ、これなら家の庭にも咲いてる」と言う子がいました。文の中の言葉と、自分の家の庭の花がつながっていくと、コスモスという言葉の意味もより豊かにわかってくるわけです。

皆さんがこのような「言葉」をはじめいろいろなことを学ぶ上で大事にしなければならないのは、いろいろなことをたくさん体験していることで、そのことと学ぶことがつながっているということです。

友達といろいろな遊びに挑戦する、野山、海、川などでいろいろな自然を体験する、兄弟や友達とも、時にはけんかもするけれど仲良くもする。このような楽しかったり、うれしかったり、悔しかったり、悲しかったり、がっかりしたり、頭に来たりというような体験がたくさんあればあるほど、勉強の土台が作られているということになります。

また、その土台をしっかり作るためには、失敗を恐れないで、挑戦することが大事なことで、「新しいものを身につけるためには、失敗をしないとなかなか身についていきません」ということを皆さんに話をしたことがありましたが、あらためてそのことを皆さんに考えてほしいと思います。

また、人はそれぞれ成長のスピードや体験にも違いがありますから、大きくなってから、ある言葉の意味がよくわかってくる、できるようになる、ということもたくさんあります。

今日は、勉強のおおもとになっている、「好奇心」というものを持って勉強しよう、そして、いろいろなことに挑戦していってそのときの「体験」というものを大事にして、その体験と結びつけながら学んでいこうというお話をしました。

平成二十三年度　第三学期始業式の話　２０１２・１・10

今日から三学期が始まりました。

お正月は一年間のスタートの月でもありますが、それぞれの学年の締めくくりの三学期が始まるときでもあります。三学期に自分が挑戦したいこと、一年間かけてがんばりたいことなど、年の初めに当たっての目標・めあてというものを今から直接聞いてみたいと思います。


〈Iさん、Kさん、Nさんの発表〉


他の人たちにも聞いてみると、きっと、三人の皆さんと同じようにこんなことをがんばりたいというふうに思っていることがあるだろうと思います。三人の皆さんありがとうございました。

今年は辰《たつ》年です。この中には辰年生まれの人もいると思います。皆さんはこの辰という生き物を見たことがありますか。

十二支の中でもただ一つ、この生き物は想像上のものです。そもそもこの十二支というのは、もともとは古い中国の考え方で、木星という星が十二年ごとに同じところに現れること、つまり地球の空を十二年で一周して元に戻るということをもとに、十二の方角に分けて、文字が読めない人でもわかるように、ねずみ、牛、寅などの名前をつけて暦に表したものです。

辰というのは龍あるいは竜ともいいます。人の名前にも使われることもあります。巨大なへビのように長い体をしていて、四本の足があり、二本の角とひげがあり、空を飛び、火を吐くそうです。鳥山明さんの『ドラゴンボール』（集英社）の漫画の中にも出てきます。英語で竜のことを「ドラゴン」と言いますし、漫画の中では中国語風に「シェンロン」などと言われていたと思います。願い事を叶えてくれる神様のような生き物だったと思います。竜は絵や彫刻でしか見ることができないのですが、よく似た生き物はいます。三国の東尋坊近くにある松島水族館あたりにも「タツノオトシゴ」がいます。

辰年生まれの人は、中国ではとても運がいい、強い運の持ち主だということで、辰年生まれの子どもが生まれるように、その前の年あたりに結婚をするという人も多いのだそうです。

さて、今年は世界中のスポーツ選手のだれもが目指しているオリンピックやパラリンピックが開かれる年でもあります。どこで開かれるのでしょう。

いろいろな種目に日本の代表選手が参加すると思いますが、メダルが取れるのではないかと期待されているものがいくつかあります。その中の一つはサッカーのなでしこジャパンでしょう。昨年七月のワールドカップの決勝で、それまで一度も勝てなかったアメリカ代表のチームを破って優勝を果たしたことは、皆さんもよく知っていることと思います。そのチームの中に宮間あや選手という人がいます。この選手はアメリカ戦でも自ら同点のゴールを決めたり、澤穂希選手のゴールのアシストをしたりして、昨年、アジアで最もすばらしい女子サッカー選手に選ばれ、最優秀選手賞が与えられています。

この宮間あや選手がすばらしかったのはサッカーの技術だけでなく、スポーツマンとしての大事な心を持っているというところです。あのアメリカ戦で日本の勝利が決まった瞬間、日本のほとんどの選手が大喜びでグラウンドへ走り出したのですが、宮間あや選手だけは、負けが決まってうなだれ、悲しみにくれているアメリカ選手たちの方に駆け寄って一人ひとりに声をかけていました。

そのことをあとで聞かれると宮間選手は「試合中は戦う相手、でも終了の笛が鳴れば、また、友達に戻るのです」というふうに答えていました。初めての世界一になっての大喜びをいったん脇《わき》に置いて、相手の思いに心を寄せる、そのようなことができるスポーツ選手はそう多くはありません。後にこの試合でアメリカチームのゴールキーパーをつとめたソロ選手は、この時のことを振り返って「この出来事は、日本という国は相手を敬うという心を持った国だということを表しているでしょう」というふうに述べています。

味方のチーム内だけでなく、力を尽くした者同士がしっかりと絆で結ばれることがスポーツのすばらしいところだと思います。この学校にもスポーツ少年団で活躍が期待されている人たちがいっぱいいると思います。確かに勝ち負けを決めるのがスポーツですが、その中で多くの人たちとの絆を深め、人間として成長していくことがなければスポーツをやっていく意味がありません。

オリンピックでメダルを取ったという人でも、良くないことをして新聞やテレビに出てきたりすることがあります。とても残念でがっかりさせられます。


そして絆というのは、スポーツの世界だけではありません。毎日の学校での生活の中で、たくさんの人たちと学習をしたり、遊んだり、教え合ったり、助け合ったり、なぐさめ合ったり、時にはけんかをしたり、仲直りしたりしながら深めていくものです。

昨年の世相を表す言葉はこの「絆」でした。年の初めに、あらためて、人と人がしっかりつながるという意味の「絆」という言葉を、自分たちの生活と重ね合わせて考えてみてほしいと思います。

〈「幸せ」とは何か〉——全校集会の話——　2012・1・23

昨年は大きな地震や津波で亡くなられたり、親や子どもたちを亡くしたりした人もたくさんいました。人間だれでも幸せに生きたいと願っているはずですが、大変不幸せな目にあった人がたくさんいました。今日はこの幸せというものについて考えてみたいと思います。

去年の秋、ブータンという国の王様がとてもきれいな奥さんの王妃様と共に日本に来たことが話題になったのですが、もしかしたら覚えている人がいるかもしれません。

世界でも大変めずらしいチョウで「幻のチョウ」「ヒマラヤの貴婦人」などとも言われる『ブータンシボリアゲハ』の標本をお土産に持ってきたことも話題になりました。

このブータンという国は、インドと中国の間に挟まれた大変小さな国です。国全体の人口、人の数は六十九万人といいますから、福井県に住んでいる人の数より、もっと少ないぐらいです。

あるアンケート調査で、この国の人たちに、自分たちが幸せだと思うかどうかを聞いたところ、実に九七％の人が「自分は幸せだ」と答えたそうです。

この国はけっしてお金持ちの国ではありません。テレビやパソコンやケータイもみんなの家にあるわけではありません。無い家の方がはるかに多いのです。家だって学校だって病院だって道路だって、日本のような立派なものではありません。ユニセフの資料を見ると、百人の赤ちゃんが産まれたら、だいたい八人ぐらいは五歳までに病気などで亡くなってしまいます。日本は〇・四人ぐらいです。働いて手に入れるお金、給料で比べてみると、日本では一人当たり一年間でだいたい三百三万円ぐらいになりますが、ブータンでは一人当たりだいたい十六万千六百円ぐらいです。一月一万円ちょっとぐらいになります。

日本では文字を読めないような人はほとんどいませんが、ブータンでは文字が読めるという人の割合というのは、七五％ぐらいです。四人に一人は文字が読めません。小学校や中学校へみんなが行っているわけではなく、特に中学校まで行って勉強するような子どもは半分もいないぐらいです。

このような国の人たちがみんな自分は「幸せだ」と思っているというのは、いったいどういうことでしょうか。ブータンの人たちは、実は「チベット仏教」というものを信じている人たちが多く、「あれも欲しい、これも欲しい」というのは良くないことだとされ、人々が助け合うことを大事にし、自分を偉そうにしたり他人をバカにしたり差別したりせず、いろいろなことに感謝をしながら生活することを大切にしています。

日本はどうでしょうか。いろいろなものがたくさんあり、医療も進んでいて、寿命も世界で最も長い国になっています。ところが一年間に三万人もの人たちが自ら命を絶ってしまったり、たくさんの人が心の病気を抱えていたりしています。

何か欲しいものがありますか、と聞くと「お金」と答えたり、七夕の短冊を見ると「お金持ちになりたい」ということを書いたりしている人が何人もいましたが、お金持ちになれば本当に幸せになれるのでしょうか。もちろんお金がないと生活ができないので困ってしまいますが、あれも欲しい、これも欲しい、もちろんお金も欲しい。あるいは他の人と競争して勝ちたい、そのような「欲」というものをいつも強く持っている人は、かえって不安やイライラのため、なかなか自分は幸せだという気持ちにはなれないのかもしれません。もしかしたら、ブータンの人たちのように、このような欲を持たず、健康で、他の人から感謝をされ、他の人の役に立つことができたり、家族・兄弟や仲間と仲良くできたりすることが「幸せ」なのかもしれません。

二年前にこの全校集会に登場した寅さんを、覚えているでしょうか。『男はつらいよ』の映画に出てくる車寅次郎と、甥《おい》っ子の満男の会話を紹介しました。あのときには満男は寅さんに「何のために勉強をするのかな」という質問をしていましたが、今日はちょっと違います。今日紹介する場面は『男はつらいよ』シリーズの第三十九作目の「寅次郎物語」の中にあるもので、これも名場面の一つとして採り上げられることがよくあります。

では、悩みをかかえる満男がどんな質問をするのか、寅さんがどのように答えるのか聞いてみてください。旅に出る寅さんを東京の葛飾柴又駅前で見送るところです。
満男「おじさん、人間てさ、人間は何のために生きてんのかな」
寅「えっ、難しいことを聞くなあ。何ていうかなあ。ほら、ああ、生まれてきて良かったなって思うことが何べんかあるんじゃない。そのために人間生きてんじゃねえか」
満男「ふーん」
寅「そのうちお前にもそういう時が来るよ。まあがんばれ」

寅さんは、人間はたとえいろいろな悩みがあったとしても、つらいことがあったとしても、生きてて良かったなあ、と思うことが必ずある、そのために人間は生きているのではないか、という話をしていました。

この映画を作ったのは山田洋次監督という方ですが、この山田監督が作った別の映画『学校』という作品の中でも、幸せというものについて考えさせられる場面がありました。主人公の先生役は西田敏行さんという俳優さんでした。

映画の舞台となった東京の夜間中学校の生徒であったイノさんという五十歳を過ぎた年配の人が、病気で亡くなってしまうのですが、十人ほどの同じクラスの生徒たちが、「イノさんはあんな年で一生懸命働きながら夜は中学校で勉強していたけど、いったい彼は幸せだったのか」「そもそも幸せとは何なのか」ということをめぐって真剣な話し合いをしていました。

そもそもこの夜間中学校というのは、普通の中学校へ通うことができなかったり、卒業することができなかったり、いろいろな事件や問題を起こしたりして、やむを得ずこの学校へ通っている者たちばかりでした。だれもが自分のこれまでの人生をあらためて振り返って、「幸福」とは、「学校で学ぶ」とはどういうことなのかをめぐって、時には涙を流しながら自分の思いを出し合います。そして、話し合いの最後にある女の子がこのような意味の発言をします。

「(私たちにはこれまでにいろんなことがあったけど)幸福な生き方、その生き方がわかるために私たちはこの学校で学んでいるんじゃないの？　それが勉強じゃないの？」

その言葉に、この学級のみんなが、先生も含めてうなずいていました。皆さんはどう思いますか。

東京の葛飾柴又の駅前に行くと、にっこりほほえんだ寅さんの銅像が建っています。近くには帝釈天というお寺や寅さん記念館という施設もあります。私のお勧めの場所です。東京へ行くことがあったらぜひ訪れてほしいところです。そこで寅さんのように、幸せな生き方とはどんなことなのか、を考えてみてください。

〈あるおばあちゃんの話〉——全校集会の話——　2012・2・20

皆さんにはきっと、おばあちゃんやおじいちゃんがいるでしょうね。皆さんよりはるかに長い人生を送ってきていて、いろいろな経験をしてきているでしょうし、皆さんをかわいがってくれたり、時には厳しく叱ってくれたりするかもしれません。

今日は、あるおばあさんの話です。このおばあさんは、八十歳を過ぎていますが、犯罪、つまり警察に捕まってしまうような悪いことを繰り返していて、刑務所というところに出たり入ったりしていた方でした。顔にはしわもいっぱいあって、いつも人をにらみつけるような目つきをしていたそうです。

このおばあさんのお世話を担当し、おばあさんともいろいろ話をしていた刑務所の職員のNさんという方によると、このおばあさん、二十歳のときに親が決めた人と結婚したのですが、結婚した相手の男の人がお酒呑《の》みで、朝から晩まで仕事もせずお酒を飲んでは暴力をふるうような人だったそうです。お酒が切れると「酒を持ってこい！」などといってお酒の瓶などをおばあさんに投げつけたりしていたそうです。

あるときにはガラス製の灰皿を頭にぶつけられて、このままでは「殺されてしまう」と思って必死に外へ逃げ出したのですが、お金もないし、行くところもなく町をぶらぶらしていて、結局、このご主人のいる家に帰るしかない、とあきらめたのですが、このまま帰ると、また何をされるかわからない、と考えて、あるお酒屋さんでこっそりお酒を盗んで家に帰ったのだそうです。これがおばあさんの最初の犯罪になってしまいました。

このおばあさんは刑務所を出ても行くところがありませんでした。結局犯罪を繰り返して刑務所を出たり入ったりしてこの年まで来てしまったのだそうです。

ある時、Nさんがおばあさんに「おばあちゃんの幸せって何?」と尋ねたら、「娘が一人おるんじゃ」という話で、もう三十年以上会っていない娘が一人いることがわかりました。その娘さんのことがずっと気になっていたのだそうです。その娘さんにもう一度会えること、そして、できればこれまでのことをお詫びして、一緒に暮らしたい、と思っていたのです。それが自分の最後の幸せだと思っていたのです。でも、もうどこにいるかもわからなかったそうです。

Nさんが必死で探した結果、ようやく居場所が見つかりました。そしてNさんとおばあさんと二人で、この娘さん宛《あて》の手紙を何日もかけて書きました。すぐには返事が来なかったのですが、数カ月たったある日、ようやく娘さんからの返事の手紙が届きました。その手紙を二人でおそるおそる開けてみると、一枚の紙にたった一行、『さいごのチャンスだよ』と書いてありました。この刑務所を出たら、ちゃんと娘さんの家に迎え入れてくれるという意味だとわかり、このおばあさん、足も悪くて歩くのもやっとというような方でしたが、二人で手を取って、飛び跳ねて大喜びしたそうです。

　この日からこのおばあさんは見違えるように生き生きとしてきて、目もキラキラしてきたそうです。Nさんは、人間って年ではない、将来に希望が見えてくれば人間はこんなに前向きになれるのだ、ということを学んだということでした。


　Nさんが刑務所から少年院へ勤め先が変わるとき、このおばあさんはNさんに、ぜひ少年院の子どもたちに伝えてほしい、と言って、次のような話をされたそうです。

「あんたたちは良かったね。十代で少年院というところへ入ることができて。ここに来るまでにはいろんなことがあったんだろう。つらいことも苦しいことも、いやなこともいっぱいあったんだろう。でも人生はこれからだよ。今までのことを振り返りながら、私の人生はこんなふうにやっていきたい、ということを見つけるための時間と場所をもらったんだね。おばあちゃんはみんながうらやましい。できることならおばあちゃんも少年院へ行きたかったなあ。……おばあちゃんみたいになるなよ。年取ってまで刑務所に入るようなことをやっちゃだめだよ」

　その後、Nさんは少年院に勤め先が変わり、おばあさんの言葉を、少年院に入っている少年たちに伝えたそうです。そして、さらに、

「みんなもあの頃に戻りたいっていうことがあるよね。事件を起こす前に戻りたい。お父

さんやお母さんとそろって遊びに行ったあの頃に戻りたいって思っている子もいるよね。でも、おばあちゃんの人生も私たちのような大人の人生も、過去からもう一回やり直すことはできない。だから、皆さんは今からの人生をどうするか、ここに来るまでの人生を振り返りながら、本当の自分はこうしたいんだ。こんな生き方をしてみたいんだ。こんなことをやってみたいんだ。そのことを考えるための時間と場所を皆さんはもらったんだね」という話をされたそうです。少年院の少年たちも涙を浮かべながら聞いていたそうです。

少年院に入ってくるような子たちは、かなり大きな事件を起こしている子ばかりで、最初は、「あいつのおかげでこんなところへ入れられた」「親が引き取ると言わないので少年院に来てしまった」などと言っていた少年たちも、だんだんと、自分のこれからの人生のためにこの少年院があるんだ、ということに気づいてくるのだそうです。

今、ここにいる三百三十八人の皆さんの、これからの三百三十八通りの長い人生のために、この南条小学校もあるわけです。何年かたってからこの学校にいた頃を振り返って、小学校の頃には、友達とけんかをしたこともあった、先生にしかられたこともあった。失敗もたくさんあったし、恥ずかしい思いをしたこともあった。自分のことは棚に上げて、悪いのはあいつのせいや、思い出しても腹が立つ、などと思っても、やっぱり学校には楽しいこともうれしいこともいっぱいあったなあ、みんなとあんなことをして遊んだなあ、みんなと力を合わせてあんなことをやったなあ、といったことも思い出せるはずです。

学校は皆さん一人ひとりが自分らしく生きる力や、夢や希望を育てるところです。その主人公は皆さんです。みんなで、このような学級や学校を作っていってほしいと思います。先生たちもしっかり応援をしていきます。

平成二十三年度　修了式　２０１２・３・23

平成二十三年度が今日で終わりになりました。

教室では、担任の先生から通知表をもらうと思います。きっと自分がこの一年間にがんばってきたことや、次の学年になってからの課題というものが、そこに書かれていることと思います。お家の人たちと一緒に通知表を見ながら、そのことを確かめてほしいと思います。


今日はまず、みんながよく口にする「かっこいい」「かっこわるい」ということについてお話をします。そして、あらためて「幸せ」ということについて考えたいと思います。

自分がだれかに迷惑をかけたり、失敗をしたり、何かのはずみにだれかにケガをさせてしまったりしたときに、それをだれかのせいにしたり、ごまかそうとしたりするようなことはありませんか。だれかとトラブルになったときに自分がやったことで、あれはまずかったな、と思っても自分の良くなかったことは棚に上げて、相手の良くないところをさかんに強調するような人がいたりしませんか。

自分が、都合の悪い立場に、「かっこわるい」立場にならないように、自分を守ろうとしようという気持ちが働く場合もあると思いますが、私はそのような姿がかっこいいわけでもなく、むしろ、必要だと思ったらしっかりお詫びをして、自分がまずかったところを認めて、これからこのようなことが起きないようにするよう努力することを約束したりできることの方が、いさぎよく、勇気があり、かっこいいと思いますが皆さんはどうでしょうか。そのような考え方をしっかり持っている人は、周りの友達や大人たちからも、必ず信頼をされていると思います。

引き起こしてしまったことから、いい反省をし、これからどうしていけばいいのかをちゃんと学べるかどうかが問われているということでもあります。いろいろなことに好奇心がわいたり、積極的に行動したりする人は、そのぶん失敗や、人に迷惑をかけてしまうことが多くなるかもしれません。ですから、「昨日も今日もいい反省ができたね。明日もまたいい反省をしようね」というような人がたくさんいてもいいと思います。

みんなはまだまだ発展途上の人間ですから、失敗することも、まちがえることも、うまくいかないこともいっぱいあると思います。そのようなことをたくさん経験して、成長をしていってください。自分と同じような仲間として、お互いに失敗したり迷惑をかけたりしたときには、素直にお詫びをし合えるような友達関係であってほしいと思っています。そうすれば、必ず、みんなが安心して、仲良く学校生活が送れるような、学校へ通うのが幸せな毎日を送ることができるようになると思います。

昨年の東北地方で起きた大地震から一年がたちました。現在、東北地方の各県には、地震や津波、原子力発電所からの放射能などで今もなお大変な目にあっている人たちがいます。その中の一つの県に岩手県という県がありますが、その昔、そこで生まれ育った作家、宮沢賢治という人は、「世界がぜんたい幸せにならなければ個人の幸せはありえない」ということを述べています。宮沢賢治の作品を読むと、この考え方がよく表れています。

実際には、世界を見ると、日本だけでなく世界中のあちこちに、大変な目にあっている人たちがたくさんいます。これまでの全校集会でも、ユニセフの活動のお話をしたときなどに紹介したこともありました。

また、いろいろな機会に、皆さんが歌っている校歌の中の三番の歌詞の一部を紹介したこともありました。「学びの道にいそしみ、光ある世をわれら建てむ」という言葉について、皆さんがこの学校で学んでいる目的というものについてお話ししたこともありました。

この三学期の始業式では、『男はつらいよ』の映画の中で、主人公のフーテンの寅さんが、甥っ子の満男君との対話の中で、何のために自分たちは生きているのか、ということについて「ああ、生まれてきて良かったなって思うことが何べんかあるだろ。そのために人間生きてんじゃねえのかい」という話をしている場面を紹介しました。そして、『幸せ』とは何か、ということをみんなで考えたこともありました。

ここにいるすべての皆さんがお互いに、この学校でみんなと一緒で良かったなあ、この学校で、この学級で、この仲間たちと一緒に学ぶことができて良かったなあ、と思えるようなことがたくさんあるような学校にしていってほしいと思います。自分はこの町の、この学校に学んで幸せだなあ、と思えるようなたくさんの経験を力にして、みんなが幸せになっていけるような南条に、福井県に、そして世界にしていくことに、ぜひ多くの仲間と力を合わせて参加していけるようになることを心から願っています。

第二章　保護者への挨拶

平成二十一年度　第一学期保護者会　挨拶　２００９・７・15

本日はお越しいただきましてありがとうございます。

この一学期間、体育大会や奉仕活動など、いろいろな行事にご協力をいただき、ありがとうございました。無事にこの一学期を終えることができます。

四月のＰＴＡ総会で、他の話が長くなってしまいましたので、お話しできなかったことをあらためて申し上げたいと思います。それは保護者の皆様と学校との信頼関係というものについてです。

学校教育に携わる者はだれもが、より良い教育を目指して努力をしていますが、そもそも完全無欠に学校のすべての教育が行われるということはあり得ません。

私自身を振り返ってみても、保護者の方の声や子どもたちの姿に自分の教育実践に自信を深めたこともありましたが、逆に、気がつかなかったり、軽はずみなことをしてしまったりということもたくさんありました。

子どもたちが力をつけてくれた、楽しく学習に参加してくれた、という喜びよりも、実際には自分の至らなさを悔いる方がはるかに多かったものです。他の先生方の指摘や、保

護者の方の指摘、子どもたちの声で反省をさせられることが何度もありました。教師という仕事は、喜びよりも悔いの方がはるかに多い仕事なのです。このことを、まずご承知おきいただきたいと思います。このような現実がありますから、保護者の皆様方や同僚たちとの協力・共同というものが必要とされているわけです。「教育」もまた「教育」を必要としているのです。

また、なかなかわだかまりがとけない問題をかかえておられた保護者の方と、時間をとって話し合いをさせていただいたところ、根本的な問題はどこにあったのかがよくわかってきました。お互いに理解し合うことが信頼関係の基本でもあります。いろんなことでわだかまりが生じたとしても、必ず理解し合うことができるということに、私の経験からも確信を持っています。私は、近頃よく耳にするような〝モンスター・ペアレンツ〟〝クレーマー〟などというような保護者の方に出会ったことはありません。

現実には、様々な情報が取り巻く中で不安がふくらんだり、不信感が募ってきたりすることもあるかもしれません。また、子どもたちがこのことでずいぶん自信をつけた、目を輝かせて取り組んでいる、といったお子さんの成長の姿もあると思います。

目の前のお子さんご自身はこの学校の教室で毎日を送っているわけですから、ぜひ、お子さんの成長のために、このようなことについて率直に、あるいは気軽に先生たちと話し合いながら、学校の教育活動、あるいは開かれた学校づくりの根本である信頼関係を築いていっていただきたいと思います。

そのような中で私たち教師も学校も、また成長をしていくものと思います。

学校も、地域の皆様の信頼に応える教育活動を進めていけるようにがんばっていきたいと思います。どうぞよろしくお願いいたします。

南条幼稚園祖父母参観日の挨拶　２０１０・２・２

お集まりの皆様、本日はご参加いただきまことにありがとうございます。

今日は、足もとのお悪い中、お越しいただきまして、まことにありがとうございます。お孫さんがおいでになる方に、幼稚園での生活の様子をご覧いただこうということで、このような会を開いています。

ここにおいでいただいた皆様の、幼少年時代と、今の時代は子どもを取り巻く状況もずいぶん違ってきています。昔はどの集落にも年長のガキ大将のような男の子がいたり、年上の子に年下の子が面倒を見てもらったり、しょっちゅう他の家に入りこんで遅くまで遊んでいたりしました。テレビが入ってきた頃には、村のお金持ちの家に何人もの子どもが見に行って、力道山のプロレスや若乃花と栃錦の相撲を見たりということがありました。その家の人と一緒にこたつに入ってテレビを見ているうちに寝てしまったこともありました。

このような地域ぐるみの子どもと大人、子ども同士のつながり合いというものが本当に薄くなっているように感じます。要するに、はたから見ると仲が良さそうにみえる今の子どもたちも、見た目以上に孤立感を抱えていることが多いものです。本人もそのような自覚はありませんし、言葉でそのようなやるせなさ、寂しさを表現することはほとんどありませんから、周りからは「なまけている」とみられたり「わがまま」と言われたりするものです。だれか別の子と比べられたりするとなおさらです。

このような中で、中学校を中心に、学校では不登校や引きこもり、保健室登校などといったような、昔は考えられなかったような孤立化する児童・生徒がどこの学校にも登場しています。

これは子どもだけでなく、大人社会も同じです。孤立や孤独の中で生活している人たちが多く、一月三十一日のNHKスペシャル『無縁社会～〝無縁死〟3万2千人の衝撃～』という番組もありました。二年前の統計ですが、亡くなっても引き取り手のない遺骨が三万二千人分もあったということでした。一人住まいの方が亡くなっても、一カ月間だれも気づかなかったということもあったそうです。

このような話を聞くと、子どもたちが今、生き生きと輝いた目をして日々の生活を送っていても、やがては今のような先行きの見えない現代社会の影響を受けていくことは目に見えています。学校の子ども社会は必ずその時代の大人社会を映し出していきます。

私はこのような孤立化したり先行きの見えないような時代を乗り越えていく力は、人と人とのつながりの力以外にはないと思っています。どれだけパソコンやスマホでのゲーム

がおもしろくなっても、インターネットや携帯電話が進化しても、人と人との絆や人間らしい温《ぬく》もりの中でしか、人間らしさを成長させてくれるものはありません。

幼稚園ぐらいの子どもは、お互いに体の温もりを感じ合えるような友達とのつきあい方がとても好きで、遊んでいるときも、体をぶつけ合いながら寄せ合いながら遊んでいます。

昨年末のインフルエンザ流行のときには、二、三人の園児が新型インフルエンザにかかったという日があったのですが、次の日には約三分の二の大量の子どもたちが一気にかかって、あっという間に休園になってしまいました。

私は南条へ来る前には隣の池田町の学校にいましたが、池田町のある村での話をよく覚えています。その村には二十軒ほどの家があったのですが、そのうち一軒にしか子どもがいなかったので、私は保護者の方に「村に一軒だけしか子どもがいないのでしたら、お子さんは寂しいことはないですか」とお聞きしました。そうしたらその答えは意外なものでした。

「村の人たちがみんなでかわいがってくださるのでそのようなことはありません」というのです。

地域社会の中にこのような子どもと大人の関係があれば、きっと子どもたちの心の中につくられたつながり合いの力が、必ず生きてくる時が来ると思います。やがて成長し、大きくなって社会に出て、もし、そこで挫折や困難にぶつかることがあっても、この地に帰ってきたら、自分はまた立ち直っていける、という大きな力の源泉になるものと思います。

ここにおいでくださっている皆様方は、戦中、戦後の激動の時代を生き抜いてこられたことはよく承知しています。もうひとがんばりして、どうぞこの子どもたちが、この世界にたった一つだけの立派な花を咲かせるために、ご尽力、ご支援をいただきたいと思います。

万葉の昔から言われているように、まされる宝は子ども以外にありません。いつの時代であっても、子どもたちは私たちの未来であり、希望であると思います。

平成二十二年度　ＰＴＡ総会の話　２０１０・４・25

皆さんこんにちは。

本日はせっかくのお休みのところご来校いただきありがとうございます。学校も新しい体制で平成二十二年度をスタートしています。

学校内でもスタートに当たって、前年度の反省を踏まえて今年度の課題について検討をしているところです。先日の学校通信にも大まかなものを載せさせていただいていますが、特に力を入れていきたいところは、子どもの自己肯定感を育てたい、という点です。

ここに富山の精神科医、明橋大二さんの本が何冊かありますが、いずれも校長室に置いてあります。たくさんの人の手にふれているので、だいぶ手あかがついてきています。借りていったり校長室で読んだりするのですが、読者はたいがい校長室を訪ねてくる子どもたちです。イラスト入りで大変読みやすいので、私も子どもたちに勧めたりしています。

借りていく者もいて、そのようなときには「ぜひお家の人にも読んでもらいなさい」と言ったり勧めたりしています。

子育ての知恵やヒントがあったり、至らなさに気づかされたり、確信を持つことができるような事例がわかりやすくイラストで示されています。

例えば、『子育てハッピーアドバイス』（1万年堂出版）という本の六十八頁には、四コマ漫画で端的に描かれています。

一コマ目には、小さな女の子が洗濯物を「私がたたむ！」と言い張っています。二コマ目は、母親が「やってごらん！」と言って、きれいにたためなくても一生懸命がんばっている娘を見守っています。三コマ目には、何とかたためた様子を見て、母親が「すごい！うまくできたじゃない！」と手をたたいています。四コマ目には、自信と自己肯定感にあふれ、目を輝かせた女の子の顔が描かれています。

甘えと自立は子どものペースに合わせての対応が大事だという明橋さんのアドバイスでもあります。

明橋さんの言いたいことというのは、自己肯定感や自尊感情というのは、自分で勉強して身につけるというのではなく、親、家族、学校をはじめ周りの多くの人たちとの関わりの中で育まれていくものだということです。

力を入れていきたいことの二つ目です。

家庭や地域での子育てや学校の教育がすべて、完全無欠に行われるということはあり得ません。私たち学校もいろんな課題を抱えています。より良い教育のために教員一人ひとりの力をつけることはもちろん大切なことですが、そのために、先生同士がつながり合いながら、子どもたちの現実の姿を出発点として学んでいくことを互いに大事にしようとしています。

また、一人ひとりの子どもの健やかな育ちのために、子どもたちやご家庭の保護者の方々とのつながり合いや信頼関係を大切にしていこうと考えています。

保護者の方にとって、学校の先生との話し合いというと堅苦しさを感じる方がいたり、何か学校に敷居の高さを感じたりしてしまう方もいらっしゃるのかもしれませんが、そのような姿勢がかえって学校との壁を作ってしまうかもしれません。そのような壁ができないような学校を皆さんと共に、ぜひ、力を合わせて作っていけたら、と思っています。

保護者の皆さんとの対話というのは、別に校長室や学校の相談室でないといけないわけではありません。となりの今庄小にいたときには休日に、集落の公民館に呼ばれて行ったこともありました。子どものいじめ問題をめぐって、かなり深く話し合ったことを覚えています。

この南条でも、学校を代表して私も呼んでいただけるならいろんなところへ出かけていって、学校のことや子育てのことについて、肩の凝らないような話し合いをさせていただければいいなあ、と思います。

そのような子育ての協同化、協力をし合える関係の中で、教師としても、親としても成長していけるもので、地域の中でも互いのつながり合いができたり、といったものが必ずあります。

今は、無縁社会とか、格差と貧困の時代と言われるのですが、大人同士がしっかりつながり合うことが子どもの未来にとっても、この地域の未来にとっても、本当に大切なことだと思います。ぜひ、皆様と力を合わせていきたいと思います。どうぞよろしくお願いいたします。

平成二十二年度　就学時健診での挨拶　２０１０・11・19

本日はおいでくださいましてありがとうございました。子育てに関わることについて少しお話しさせていただきます。

現在のような、若者の世代に非正規雇用の人が半数にものぼるというような社会状況の中では、子どもたちはなかなか将来の夢や希望も持ちにくいという現実があったり、競争が前面に出されてくると「勝ち組負け組」といったように、自己評価の低い子どもたちがたくさん増えてきたりします。

自己評価とは「自分は生きている値打ちがある」「自分は大切な存在だ」「自分は必要な人間だ」「自分は自分でいいんだ」というような気持ちを言います。難しく言えば「自己肯定感」「自尊感情」というものです。

大事なことは、このような気持ちは小学生や中学生になってから作られるものではなく、生まれたときから作られているものだということです。ゼロ歳のときから始まるものだということです。しつけや勉強といったものは、この自己評価が土台となって作られていくというわけです。

また、子どもは他の子と比較をされたり、親が一方的に言うだけで自分の話を聞いてくれなかったり、脅かされたり、暴言を浴びたり、約束を守ってくれなかったり、無視されたりということになると、だんだんと「自分は情けない、ダメな人間なんだ」と思いこむようになっていきます。このような自己評価の低さが、不登校やいじめなどの、様々な子どもの問題を引き起こしている、というわけです。

私は、個人的にですが、知り合いの福井大学の先生方に協力をお願いして、非行の子どもを抱える親御さんたちのための、『非行と向き合う親たちの会』というものを作り、福井大学の一室をお借りして活動をしています。このような会は全国的にも作られていて、子どもの問題を抱える親だけでなく少年鑑別所、少年院、司法関係者、医師、保護司、相談関係者、教育関係者、元非行経験者などの方々も集まり、いろいろな立場から意見を述べ合います。しかし、自分の意見を押しつけ合うことなく自由に意見を出し合い、話し合う会です。

また、私は特に子どもの生活指導の実践研究や非行問題に関心を持ち、かなり長く関わってきています。少年院に入っている少年たちの多くが、どこかで大人からの虐待や差別を受けた経験を持っています。大人に対する不信感を抱くような経験を持っています。今月は、厚生労働省や内閣府が「児童虐待防止月間」と定めているところでもあります。

子育てに関わる問題すべての責任を親、とりわけ母親に背負わせるのはおかしいことだと思いますが、子どもが子どもらしく、人間らしく育っていくとはどういうことか、基本的な考え方をしっかり持っておくことは大切なことだと思います。

　子育てに関する不安や悩みを乗り越えていくのは同じような立場の人間同士、あるいは学校の先生をはじめとする我が子の子育てに関わる皆さんとのつながり合いの中以外にはありません。親は親で、先生は先生で、子どもと同じように人と人との関わり合いの中で成長していくものです。

　最後に、入り口でお配りした、世界的に著名な家庭教育の研究者である、ドロシー・ロー・ノルトさんの書かれた『子どもが育つ魔法の言葉』（ＰＨＰ文庫）の中の一節をあらためてご紹介します。

批判ばかりされた子どもは　非難することをおぼえる
なぐられて大きくなった子どもは　力にたよることをおぼえる
笑いものにされた子どもは　ものを言わずにいることをおぼえる
皮肉にさらされた子どもは　鈍い良心の持ち主となる

しかし、激励を受けた子どもは　自信をおぼえる
寛容に出合った子どもは　忍耐をおぼえる
賞賛を受けた子どもは　評価することをおぼえる

フェアープレーを経験した子どもは　公正をおぼえる
友情を知る子どもは　親切をおぼえる
安心を経験した子どもは　信頼をおぼえる
可愛がられ　抱きしめられた子どもは
世界中の愛を感じ取ることをおぼえる

学校創立五十周年記念式典　挨拶　２０１１・４・24

本日ここに、南越前町長、川野順万様をはじめ、多くのご来賓の皆様のご臨席を賜り、学校創立五十周年の祝賀の式を開催することができますこと、心より厚く御礼を申し上げます。

この南条小学校が創立された五十年前には、学校の教室ではコークスのストーブで暖をとり、脱脂粉乳のミルクが給食につき、肝油で栄養の補給をしていました。臨海学校には各自がお米を持参し、ゲンノショウコを野山で摘んで学校へ持って行きました。地域では、村の数軒にしかない白黒テレビを見せてもらいに行き、力道山のプロレスや大鵬・柏戸の大相撲に熱中していた時代でした。春には田植え、秋には稲刈りを手伝い、はさば（稲木）は子どもたちにとって格好の遊び場となっていました。

集落の中では上級生が中心になり、桑の実やアケビを採り、川遊び、缶蹴り、ビー玉、長靴スキーに興じていました。

あの時代から五十年。南条小学校も、子どもたちの生活もずいぶん変わりました。学校にはパソコンやプロジェクターが入り、床暖房やエアコンが完備されています。屋根には太陽光発電用のパネルが並び、小規模ながらも風力、水力発電の設備も作られ、本校の名は『エコスクール』としても知られています。

中庭に作られたビオトープの小川にはクロメダカが泳ぎ、トチノキにはヒヨドリが巣を作り、ハクセキレイがえさを求めてやってくる様子が、ランチルームからのぞむことができます。

しかし、このように学校の姿形が大きく変わってきても、この学校が地域の学校として、南条の皆様にしっかりと支えられていることは今も昔も変わっていません。現在も、子どもたちをとりまく多くの人と人とのつながりに支えられて、学校の教育活動が進められています。また、この創立五十周年記念事業に関わってくださった皆様の熱意や、地元の皆様の温かいご支援に心から感謝を申し上げます。

子どもたちがこの故郷、南条の地に自分の両足でしっかり立ち、日本や世界の現在と未来を見通すことができるような力を、そして、校歌の中にありますように、これから出会う多くの人たちと手をつなぎ合い、光ある世を打ち建てていける力を身につけた人間の育成のために、これからも力を尽くして参りたいと思います。今後とも変わらぬご支援を、どうぞよろしくお願いいたします。

以上、学校長のご挨拶とさせていただきます。

平成二十三年度　就学時健診での挨拶　２０１１・11・19

本日はおいでくださいましてありがとうございました。

お子さんを初めて小学校へ入学させるという方も大勢いらっしゃいます。

私の方から、ちょっと時間をいただいて、子どもたちのことや私たち学校や家庭の課題といったことについてお話ししたいと思います。


一つ目は、我が子のいいところや悪いところをどう見るかということです。

普段、私のいる校長室にはよく、いろんな子がやってくるのですが、「本棚の本を読ませてください」といってくる子がいます。一番よく読まれているのがこの本『子育てハッピーアドバイス』シリーズの十冊ほどの本です。四コマ漫画風にアニメ入りでわかりやすく描かれているので、子どもたちでも十分理解することができます。

ご存じかもしれませんが、この本を書かれた明橋大二さんは富山の精神科の医師で、マスコミにもよく登場する方です。この方の長年にわたるカウンセラーとしての数多くの教育相談の中から見えてきた問題として、子どもの問題行動の多くは子どもの自己評価・自己肯定感の低さにあります、といった話をされています。

自己肯定感というのは簡単に言えば、「自分は大切な存在なんだ」「自分は必要な人間なんだ」「自分は自分でいいんだ」といった気持ちのことをいいます。

家庭の中で、子どもはだれかと比較をされたり、親に暴力を受けたり、脅かされたり、約束を守ってくれなかったり、無視されたりすると、「自分は情けない、ダメな人間なんだ」「値打ちのない人間なんだ」というようになっていきます。このような自己評価・自己肯定感の低さが不登校やいじめ、引きこもりなどの問題を引き起こしている、というふうに明橋さんは見ています。

子どもの良さや長所を認めて伸ばしてやることは教育の基本だということはまちがいのないことですが、実際に我が子の良さを認めそれに確信を持つ、などというのはいささかの不安をともなうものでもあります。何でも積極的にやる子だがおっちょこちょいで軽はずみ、元気がいいのはいいけれど乱暴でおおざっぱ、慎重に取り組むが優柔不断、優しい子だが気が弱い、などというようにマイナスの面も同時に見てしまうことがあります。

子どもはいいところだけを順調に発達させていくというよりも、いいところと悪いところを併せ持って成長していくものだということを認識しておく必要があるのではないかと思います。つまり、子どもは成長するときにはいい子になったり悪い子になったりしながら成長する、いろんな良さやすばらしさを持っている子も、その裏側に欠点や弱点を道連れにしながら成長している存在だ、と見ていく必要があるのではないかと思います。このことが、子どもの自己肯定感を育てていくための基本認識ではないかと思うわけです。

二つ目は、子どもたちが自立していくことの大切な内容として、自分の中に豊かに他人をとり込んでいくことができるかどうか、ということではないかと思います。これは幼児的な自己中心性を抜け出して他人のことを考えることができるようになっていくことで、これがないと人間は絶対に幸せな生き方をつかむことができません。他人のことを思い、他人のために役立つことができることぐらい、人間にとって誇らしくうれしいことはないと思います。

三月の東日本大震災の様子をテレビで見ていると、避難所の中で子どもたちがボランティアで、配給されてきたものをみんなに配っていたり、お年寄りの家に届けたりしている、そのような子どもたちがいました。自らの生活環境も一変し、大変な状況の中でも生き生きと活動している子どもたちが映し出されていたのが大変印象的でした。おそらくこの子どもたちの周辺には、このような幸せのタネを持った大人たちがいっぱいいたのではないかと思います。また、一人ひとりの子どもたちのすばらしさ、個性というものは、このような人とのつながりの中で、人との関わりの中で輝いてこそ本物になっていくと思います。

このようなことを前提にして、子どもたちを健やかに成長させていくために、ご家庭に望みたいことは、冷静にこだわりなく我が子のありのままを知ってほしいということです。家庭と学校では子どもの様子は違うのが普通です。学校では大勢の子どもたちと時にはぶつかり合い、ストレスを抱えたりすることもありますし、家では見られないようなしっかりしたところを見せてくれることもあります。環境が違うわけですから子どもの様子にも違いが出てきて当然なのです。

子どもは良いときも悪いときもある、というようなゆとりある気持ちで、先生の語る我が子の姿を受け止めていただきたいと思いますし、そうでないと先生も子どもの様子を率直に語れなくなってしまいます。

もちろん学校は学校で、保護者の皆様の心配事や気になることなどの声が届くような、開かれた学校にしていくことや、子どもたちの一人ひとりの良さを見つけ励ましていくこと、安心して学校へ通える学校にしていく努力をしていきたいと思います。風通しの良さを学校からも作っていきたいと思います。

次に、親と子の関係について、感じていることを申し上げます。それは、子どもたちは自分の親をどう見ているか、ということです。

ある学校で高学年を受け持っていたときですが、ある女の子が毎日のように遅刻をしてくるようになったのでわけを聞いたところ、最近、お母さんが家を出てどこかへ行ってしまったので、保育所へ行く弟二人の世話をしてから学校へ来なくてはならなくなってしまった。そのため、毎日遅刻をしてくるのだということでした。この子の兄弟姉妹は五人いたと思いますが、お父さんがいろいろ違っている、というような複雑な事情を抱えた家庭でした。

そのことも知っていたので、私はうっかり「おまえのお母さんもしょうがないなあ」と言ってしまったことがありました。するとその子は「お母さんはいつもは優しいんやで！」などと言って反論をしてきました。大変意外な思いをしました。また、あらためて親子の関係というものを考えさせられてしまいました。

長い教員生活を振り返ってみると、これまでいろんな問題を抱える数多くの子どもたちとも接してきましたが、親のことを悪くいう子どもには出会ったことがありません。子どもたちはいつも、自分が自慢したいものをほしがっているのですが、とりわけ親のことについてはうそをついてでも親のいいところを見つけたいと思っている子がほとんどではないかと思います。

物心ついて思春期になり、自分では親への反抗、反発が生まれたとしても、友達や先生との会話の中では、たとえ自分が自分の親のことも悪く言うようなことがあったとしても、友達や先生といった他人から自分の親への悪口や批判を聞くと腹が立ったりするものではないかと思います。

このようなことを思うと、子どもにとって親が子育てに投げやりになったり、いらいらして子どもにあたったり、親の姿が嫌な姿に見えることほど悲しいことはないのではないかと思います。

ここに郡山総一郎さんというカメラマンが作られた写真集『未来って何ですか』（新日本出版社）の中の、一枚の写真があります。ちょっと説明しますと、郡山さんという方は東南アジアや中東などの発展途上国を訪れて子どもたちの様子を写真に撮っている方です。一時、イラクで、他の二名の日本人と共に武装グループに拉致され、拘束されていたことがあり、そのことでも有名になった方です。

写真には、門扉と数名の子どもたちと、扉の外にぼんやりとした何かが写っています。この写真はタイのチェンマイにある孤児院の写真の一枚です。この施設はある日本人がつくり運営しているものです。エイズのために親がすでに死んでしまっていて、ここにいる子どもたちも全員エイズにかかっています。親類からも見放された二十人ぐらいの孤児が引き取られているわけですが、どの子も、六歳ぐらいからせいぜい十歳ぐらいまでしか生きられないというような子どもたちばかりです。

あらためてこの写真を見ると、数名の幼い子どもたちが施設の出入り口の扉につかまって外を見ています。扉は頑丈な鉄の扉で、その隙間から外の様子がぼんやりと見えますが、道路と人のようです。子どもたちの視線の先には何があるかというと、たまたま外の道に親子連れがいて、手をつないで施設の前を通りかかっているところだったそうです。その様子をみんなが扉の鉄棒につかまりながらじっとみつめているという写真です。郡山さんの説明によれば、中庭で遊んでいた子どもたちが一斉に扉の方へ駆け寄っていったので、何かと思ったら、外に仲良く手をつないで歩いている親子連れがいたというわけです。

いったいどのような思いでこの子どもたちはながめているのでしょうか。かけがえのない親というものの存在がどのようなものであるかを物語っている写真ではないでしょうか。

子育ては大人の責任ある仕事であり、親もかけがえのない大切な教育者の一人であるということを自覚するしかない。平たく言えば「親になったのが運のツキ」で親になるより他にない、覚悟をするしかない、ということではないかと思います。

子どもが子どもらしく、人間らしく育っていくとはどういうことか、子どもにとって親の存在とはどのようなものであるか、基本的な認識をしっかり持っておくことは大切なことだと思います。

でも、実際には、いろいろな現実にぶつかりながら戸惑いや悩み、不安、といったものが常につきまとうものです。明橋大二さんの『子育てハッピーアドバイス』という本の中では、「いくつで親になろうと、みんな最初は素人ですし、子育てに自信がないのが普通なのです。未熟なまま子どもを生んで、それから子どもと一緒に成長していくのです。ぜひ、自信がないことに自信を持ってください」とまで述べています。

子育てに関わる不安や悩みを乗り越えていくのは、同じような立場の人間同士であったり、これまでいろいろな困難を乗り越えてきた方たち、あるいは学校の教員をはじめとする、我が子の子育てに関わる多くの皆さんとのつながり合いの中以外にはありません。

また、親は親で、先生は先生で、子どもと同じように人と人との関わり合いの中で成長していくものです。かけがえのないお子さんたちの健やかな成長に責任を担うことになる者同士、ぜひ、お互いに理解を深め合いながら、協力共同の力を育てていき、子どもたちと共に私たちも自らを成長させ、輝かせていきたいと思います。

来年四月の、お子様方のご入学を心からお待ちしています。どうぞよろしくお願いいたします。

第三章　教育研究会での挨拶

南条郡教育研究会総会の冒頭の挨拶　２０１０・４・14

お集まりの皆様、今日は大変ご苦労様です。昨年度の会長、N校長先生がご退職になりましたので、代わって副会長の私、赤星がご挨拶申し上げます。

新年度が始まり、それぞれ慌ただだしい毎日を送られていることと思います。教員評価制度の施行が今年度から始まったり、平成二十三年度の指導要領の改訂にともなっての授業時数の増加や、教科書の内容が増えて教科書も厚くなっていて、内容は選択して学べるようにされているとはいうものの、実際には現場ではその扱い方が大きな課題になってくるものと思います。また、それぞれの教室には、指導の困難がともなうような児童生徒がいたり、保護者との関係で先生自身が悩んだり苦しんだりしておられるような状況もお聞きしています。

ある研究会に参加した若い先生が、感想の中で、「けっして先生になったことを後悔はしていませんが、子どもも先生も追い込まれていくような時代に教師になったことを悲しく思います」と、述べていました。ここにも大勢の若い先生方がいらっしゃいますが、どうでしょうか。私の富山の友人の、ある職場では、新採用の先生が一年間でやめてしまった、という話を聞きました。東京では、新採用の若い先生の自殺について公務災害に認定されたことが報じられ、二〇〇八年度に全国の国公立の教員で病気休職者の数は八千五百七十八名と過去最高という状況ですし、その六割は精神疾患だと言うわけです。

南越前町の私たちの学校も、教職員の仕事の大変さや困難さは常につきまとうことと思いますが、私たちの目の前の子どもたちはこの「無縁社会」、「貧困と格差の社会」と言われるようなこの時代に、この南越前町で今を生きているわけで、子どもたちに、この町でしっかり生きていくための、夢や希望をつかむための生き方を学びとらせていくことが、私たちに課せられている最も大きな課題ではないかと思います。

「教えるとはともに未来を語ること、学ぶとは誠実を胸に刻むこと」というふうに、フランスの詩人、ルイ・アラゴンは述べています。

大変さを乗り越えて、子どもたちとしっかり向き合いながら、南越前町の子どもたちに夢や希望を開いていくという、教育実践の原点に立って、この研究会の教育研究を進めていっていただきたいと思います。

今年二月に福井大学へ訪れた文部科学省鈴木寛副大臣は大学での講演の中で、福井市のS中学校のコミュニティー・スクールの取り組みを大きく評価されていました。また、教員の力量形成について、「モノから人へ」あるいは「コミュニティー・ソリューション」という言葉を何度も使って、一人ひとりの教員が自分のために自己目的的に学ぶというのではなく、様々な人たちとのつながり合いの中で学んでいきながら、力量を高めていくことの大切さを強調されていました。

実際に私たちが現場で対応しなければならない多くの課題は一人の力だけで解決はできません。教師集団が自ら同僚性を発揮して、つながり合う中で、一人ひとりの教員の力量が高められるような教育実践研究活動を進めていければ、と思います。どうぞよろしくお願いします。

郡教育研究集会の挨拶　２０１０・８・２

本日は早朝より、お集まりいただき、ありがとうございます。

この研究集会を準備していただいた教研推進委員の先生方、本当にありがとうございます。また、本日の研究集会の運営を、どうぞよろしくお願いいたします。

本日はお忙しい中、大塚教育長様もご来賓としておいでくださっています。まことにありがとうございます。


先頃の朝日新聞に、七月十九日から五日間にわたって連載されていた「いま先生は」という記事があります。読まれた方もいらっしゃるかと思います。この記事の中では、今の学校での、先生の仕事の大変さについていろいろな具体的な事例をもとにした記事が載っていたわけですが、七月二十日の記事には、二〇〇四年にS県で起きた新採用教員の自殺の記事がありました。

この年の春、S県の新採用教員として、教壇に立ったKさんは、その日の日記に「四月一日、とても緊張した、責任の重さを感じると同時に、子どもたちを愛していこう、全力をつくそうと心に誓った」と記されていました。その後、この日記には、クラスの中での

いじめや、学級の中に注意されるとパニックを起こす子ども、鉛筆、下敷きなどの物かくし事件などが続いて、その苦しさが綴られるようになっていきます。一生懸命対応するのですがうまくいきません。
さらに苦しんだのが他の先生との関係です。指導教員の先生からは「悪いのは子どものせいじゃない、おまえのせいだ、おまえの授業が悪いから荒れるんだ」といったような言葉を浴びせられます。管理職からも同様の注意を受けます。他の同僚からもなかなか展望が見えてくるような助言もありません。
そして、夏休みが終わって九月二十二日、学級で起きたある事件をきっかけに、車の中で自ら灯油を浴びて火をつけて命を絶つ、という悲惨な結末になりました。
現在、この事件は公務災害の認定をめぐって遺族の方が訴訟を起こして裁判にもなっています。くわしい経緯はこの本に詳細に述べられています。

現在、首都圏や関西圏を中心に、教員の早期退職者は年間一万二千人を超える状況で、ある新聞の記事によれば、教員としての日常の中で「憂鬱《ゆううつ》を感じている」という教員が二七・三％、一般企業の約三倍に上っているという状況だということです。その理由は、「子どもや保護者との関係に悩み、事務作業などが増える中で、やめたいという気持ちに傾く教師がふえているのではないか」という専門家の話も載っています。

私は、今の学校では、教師としての学びというものと同僚性が大きく問われているのだと思います。教師同士の悩みや苦しみに共感的に関わってくれる同僚たちとの支え合いや、助け合いといった同僚性と、その中での教師としての力量を高める学び合いがどうあるべきなのか、といったことをよく考えていく必要があると感じています。

今日の講演や分科会の研究協議の中では、子どもとの関係、保護者や地域との関係、教員同士の関係を問い返しながら、私たちはどうつながり合っていけるのかを考えていただければ、と思います。

ここに参加されただれもが、九月からの実践の力になるような学び合いを目指して、今日の研究会に臨んでいただきたいと思います。

南条郡教育研究会総会の冒頭の挨拶　２０１１・４・14

本日は、大変ご苦労様です。

ここに、イタリアのアミーチスの『クオレ』という本があります。『母を訪ねて三千里』などの話が入っている本です。このような一節がありました。担任の先生への不満を口にする主人公のエンリーコにお父さんが語りかけています。


「おまえの先生が、ときにいらいらすることがあっても、それはまったく無理もないのだ！　考えてごらん、先生は長い年月、子どもたちのためにいっしょうけんめいつくしていらっしゃるのだということを。そうして、その子どもたちのなかには情愛の深いやさしい子もおおぜいいるが、またそのいっぽうには、先生の親切を悪用したり、せっかくのお骨折りをむだにしてしまったりする恩知らずのものも、それはそれはおおぜいいるのだということを。それからおまえたちみんなのなかには、先生をよろこばせるよりも、かなしい思いをさせるものがあるということを。

考えてごらん、この世のなかでいちばんの聖人のような人でさえも、先生の立場におかれたなら、ときにはいかりもするだろうということを。それからまた、先生は、どんなにかたびたび、ご病気のからだでありながら、ただ学校を休むほどにひどくないということから、無理して授業においでになるのだということが、もしもおまえにわかったらねえ！　そうしてそういうときに、先生はくるしいためにいらいらなさっており、おまえたちがそれに気がつかなかったり、それにつけこんだりするのを見て、どんなにかつらい思いをなさるのだということがわかったらねえ！

エンリーコよ、おまえの先生を尊敬し、愛しなさい。おまえのお父さんが愛し、尊敬している方だから、愛しなさい。先生のことなどはわすれてしまうかも知れないおおぜいの子どもたちの幸福のために、その生がいを犠牲にしていらっしゃるかただから、愛しなさい。おまえの知恵をひらき、光をあて、おまえの精神をはぐくんでくださるかただから、愛しなさい。（中略）

いつも先生を愛しなさい。そして、この「先生」という名前を、いつも尊敬の気持ちをもっていいなさい。これは、お父さんという名前につづいて、人がほかの人にあたえることのできる、もっとも気高い、もっともやさしい名前なのだよ」

今の教師たちの姿を写し取ったような言葉です。このエンリーコの先生、ベルポーニ先生もけっして立派なすばらしい先生ではありません。苦労しながら子どもの成長に心をくだいているありふれた先生です。私自身、このような言葉を聞くとほっと心も安らいでくるのですが、同時に、今の私たちをとりまく現実とのギャップには気が滅入るような気さえします。

この「クオレ」が書かれたのは一八八六年ですから、日本では明治時代の自由民権運動が下火になってきた頃です。その頃と今とでは社会の状況も子どもたちや大人たちの意識も大きく異なっていますから、エンリーコの父親のような言葉がまっすぐに通用するとは思えません。でも、たとえ時代は違っても私は、エンリーコの父親の言葉は、教師がこのように大切にされる社会であってほしいというあこがれと、そんなふうに保護者から言ってもらえるような教師になっていきたい、という自分自身へのあこがれとの、二重のあこがれを呼び覚ます言葉として、今の時代にも生きていく言葉だと思います。


昨年春の郡教研総会の時に、鈴木文部科学副大臣の「コミュニティー・ソリューションの中で教員の力量形成を」という話を紹介し、協同的な解決の中で教師としての力を高めていくべきではないか、というような話をさせていただきました。

今、実に様々な課題が学校に持ち込まれている中で、私たち教師はもっともっと自分の弱さや失敗をさらけ出して、人を頼る必要があると思います。教師としての自立というのは頑迷に突っ立っていることではありません。人にもたれかかることのできる率直さも、しっかり立つためには大切な条件です。もたれてくれれば支える方の足腰も強くなってくるものです。

この研究会が、悩みや弱さを出し合えて、自分たちそれぞれの抱えている教育実践課題の解決のために少しでも前進していける場になり、それが郡全体の教育力の向上につながれば、と思っています。どうぞよろしくお願いいたします。

郡教育研究集会の挨拶　２０１１・８・２

本日は暑い中、大変ご苦労様です。

今年度は、小学校では、新指導要領の全面実施の年でありました。それにともない、各学校でもいろいろと新しい取り組みもなされているかと思います。

この新指導要領の改訂に当たって、基礎基本や思考力・判断力・活用する力などを育てることを課題として、各教科領域の学習内容の変更を進めると共に、もう一つ重要な課題として、「様々な体験活動の中で、自分への自信を育てること」つまりは「自己肯定感を育てること」を大事な課題としています。

南条郡内の各学校でも、それぞれの学校にいろいろな問題を抱えている子どもたちがいることを私も承知していますが、子どもたちの様々な問題行動の背後に、この「子どもたちに自信を育てること、自己肯定感を育てること」という課題があると私は思っています。私は、どこの学校、学級であっても、このことを大きな課題にしていくべきではないかと考えています。

子どもたちは成長過程でいろいろな活動に取り組みながら成長していくわけですが、その活動は常にうまくいくとは限らない、成功するとは限らないわけで、失敗することもまちがいを犯すこともあるはずですが、かつては「失敗は成功のもと」などというように、そのようなことも成長の過程の一つとして見るようなおおらかさが学校にあったように思います。現在、そのおおらかさが少しずつ失われて、失敗はいけないこと、あるいは失敗は許されないことといったような風潮が強くなっているように感じます。

そうなると子どもたちは自分で考え、判断して行動することをやめて、教師の意向に委ねてしまったり、学級での約束事などもなんとなく決めるとか、結果に対しても責任を持とうとしないで責任逃れをしようとする。失敗が自己責任というふうに責められるのであれば、自分から行動しない。失敗を避ける一番まちがいのない方法は、自分から行動しないこと、という姿勢になってしまう可能性もあります。

自分への自信が育たず、主体性のなさが目立ってしまう。学校の主人公は子どもたちだ、と言いながらも、いつも先生が主導しないと子どもたちは動けない。先日の、県小教研南越ブロックの生活科部会でもこのようなことが議論になりました。学校は、もっと子どもたちの失敗やまちがいを認めて、そこから学ばせていくことが大事ではないか、といったことが確認されていました。

まきたしんじさんの『教室はまちがうところだ』という詩を例にあげるまでもなく、発展途上の子どもたちにとってこのようなまなざしを学校や先生たちが持つことは、子どもに自己肯定感を育てる上で、とても大事なことではないかと感じています。

もう一つ、ここにはたくさんの若い先生方と共に大ベテランの先生方が大勢いらっしゃいます。このような先生たちが、これまでの自分の教育実践を振り返りながら、成功したことや失敗したことを若い先生たちに語ることが、大事なのではないかと思っています。先生たちの実践の交流の場としてこのような研究集会もあるわけです。私たちが持つ様々な教育観や指導観も教師としての力量も、具体的な実践を語り合う中で鍛えられ、育てられていくものです。南条郡の学校教育の歴史や伝統がこのような会の中で、若い先生たちに引き継がれていくことを願っています。

参考文献

『戦後を語る（加藤周一講演集）』加藤周一（かもがわ出版）
『東京大空襲の記録』早乙女勝元編著（新潮文庫）
『核のはなし』東京都教職員組合発行
『子育てハッピーアドバイス』明橋大二（1万年堂出版）
『子どもが育つ魔法の言葉』ドロシー・ロー・ノルト（PHP文庫）
『未来って何ですか～ぼくが一番撮りたかったもの』郡山総一郎（新日本出版社）
『自然の謎と科学のロマン～生命と人間・編』久保田競他（新日本出版社）
『寅さんの学校論』山田洋次、田中孝彦（岩波ブックレット）
『寅さん完全最終本』川本三郎監修（小学館）
『ざ　ゆーす　№11』ＮＰＯ法人非行克服支援センター編集（新科学出版社）
『ＡＲＡＳＨＩ〈嵐〉その時～手記・親と子の「非行体験」』
「非行」と向き合う親たちの会編（新科学出版社）
『世界がもし１００人の村だったら』

池田香代子再話、Ｃ・ダグラス・ラミス対訳（マガジンハウス）
『若い教師への手紙』竹内常一（高文研）
『眠れぬ夜の教師のために』三上満（大月書店）
『新採教師はなぜ追いつめられたのか～苦悩と挫折から希望と再生を求めて』久冨善之、佐藤博（高文研）
『ロウソクの科学』ファラデー著、竹内敬人翻訳（岩波文庫）
『ユニセフ世界子供白書２００８』日本ユニセフ協会
『クオレ　愛の学校』エドモンド・デ・アミーチス著、矢崎源九郎訳（偕成社）
『ほまれ：なでしこジャパン・エースのあゆみ』澤穂希（河出書房新社）

おわりに

この冊子を手に取り、お読みくださりまことにありがとうございました。

これまで、三十七年間にわたった教員生活を振り返ると、まず、思いうかんでくるのは、自分のこれまでの教育という仕事の不十分さです。あの時にはあのような対応をしてしまって申し訳なかったなあ、もっといいやり方があったはず、などというようなことは数えきれません。また、これまで教師としての自分に自信をなくしたり、悩んだり……といったことが幾度もありました。子どもたちとのこと、保護者とのこと、授業のことなど……、自分がいやになるほど落ち込んでしまったことや眠れない夜を過ごしたことが何度もありました。

そういった中でも、ほんのたまに、子どもたちが目を輝かせてくれた、成長してくれた、自分でもいい実践ができた、まんざらでもないな、というような、心が温かくなるような、自分への快さを感じることもありました。言ってみれば、「多くの悔い、たまに喜び」といったものではなかったかと思います。

考えてみると、いつもいろいろな問題、課題を抱えながらも、たまにではあるけれども、このような自分への快さを感じることもあったから、なんとか今まで「教師として成長をしたい」「より良い教育実践をしたい」という前向きな気持ちを持ち続けることができたのかもしれません。

この本の文中にもありましたが、私が教師になって間もない頃に出合った言葉で、フランスの詩人、ルイ・アラゴンの次のような言葉がありました。

「教えるとは、ともに未来を語ること／学ぶとは、誠実を胸に刻むこと」

きれいな言葉は具体的にその内容を理解していくことは難しいのですが、自分の教師生活を振り返ると、この言葉が意味していることはとても大切なことではないかと思います。

悔いることがいっぱいあり、不完全ではあるけれども、子どもたちに信頼を寄せ、教師として、子どもと共により新しい自分に成長していける人間であり続けたいという誠実な思い、これがより未熟で発展途上の子どもたちとの間に、確かな〝信頼の水路〟を開いていくものなのではないでしょうか。そして、この不完全さの自覚こそ、多くの人たちとのつながりや絆を生みだしていくものではないでしょうか。

今、学校はいろいろな課題を背負っています。不登校やいじめ、発達障がいをかかえた子どもたち、学級・学校をとびだす子どもたちへの対応、学力問題、事務的な仕事の増大や難しい保護者への対応など、教師を悩ませる課題は枚挙にいとまがありません。教師としての仕事の困難さは年ごとに大きくなってきているのはまちがいありません。未来社会の息吹に包まれるはずの学校で、教師自身が孤立し、夢や希望が持てない状況では、子どもたちも生きづらさをふくらませていくにちがいありません。

このような状況の中で、これまで以上に、子どもたち、保護者、地域の方々、同僚たちとのつながり合いや支え合いのあり方が問われているのではないでしょうか。

アメリカの詩人、ウォルト・ホイットマンの『私自身のうた』の一節です。

Do I contradict myself? 私が矛盾をしているって？

Very well, then I cotradict myself. それなら大いに結構 確かに私は矛盾だらけ

I am large, I contain multitudes. 私はとても大きくていろんな中身をたくさん詰め込んでいるのさ

いろいろなものを取り込んでいこうとするのだが、なかなかうまくいかず、つまずいてばかりいるけれども、希望をはぐくむという教育の中心線を外さず、子どもたちや仲間と共に前を向いて成長していこうとする、ここに人間性にあふれた教師としての生き甲斐があり、ロマンがあるのではないでしょうか。そして、これは、子どもたちをとりまくすべ

ての大人たちに言えることではないでしょうか。

このささやかな冊子が、少しでも、読んでくださった皆様の何かのお力になれれば幸いです。

これまで勤務させていただいた学校で出会った子どもたち、同僚の先生方、保護者・地域の方々、教育関係機関の方々など、これまで出会ったすべての方々に対し、あらためて、心より感謝を申し上げます。

また、単行本として出版するにあたり、地方の小さな図書館の片隅にあった私の原本に目を留め、出版のための助言や協力をいただいた文芸社の方々、出版企画部・小野幸久氏、編集部・吉澤茂氏に心よりお礼を申し上げます。

二〇一七年九月

著者プロフィール

赤星 昇（あかほし のぼる）

1952年、福井県生まれ。

青山学院大学卒業。

東京都立川市、福井県内の国公立小学校、香港日本人学校等に勤務。

現在、全国海外子女教育・国際理解教育研究協議会会員、日本臨床教育学会会員、ユネスコスクール北陸ESD（持続可能な開発のための教育）推進コーディネーター、NPO非行克服支援センター会員、全国生活指導研究協議会会員、ふくい「非行」と向き合う親たちの会世話人、福井県陸上競技協会理事（監事）、日本野鳥の会福井会員、青山学院大ワンダーフォーゲル部OB会会員など。


子どもたちの夢と幸せをつくる「絆」

福井県のある小学校校長が語ったこと

2017年11月15日　初版第1刷発行

著　者　赤星 昇
発行者　瓜谷 綱延
発行所　株式会社文芸社
〒160-0022　東京都新宿区新宿1－10－1
電話　03-5369-3060（代表）
03-5369-2299（販売）

印刷所　株式会社エーヴィスシステムズ

ISBN978-4-286-18721-1